朝日新聞「声」から見る日本社会

齊藤 紀夫

はじめに

私は小さい頃からほとんど毎日、新聞を読んでいます。

いろいろな記事を読んで世の中で起こっていることに驚いたり、納得したり、時には怒りも感じています。

そんな中である日、「日本国政府は膨大な予算を使い、何をしているのか！」という「むかつき」と怒りを感じ、その気持ちを朝日新聞の「声」欄に初めて投稿しました。

驚いたことに、それが掲載されたのです。２００７年12月29日のことでした。

それからは、新聞を読んで「なるほどな……」「ほんまかいな？」「そのとおり」などと感じるたびに、その気持ちを「声」として投稿してきました（もちろん、その多くはボツになりましたが）。

そして２０２３年10月24日の掲載で１００回目を迎えました。

その記念として、これらの「声」をベースに、その背景や「声」を投稿するに至った私の世界観や人生の歩み等を追加して、本書を世に出すことにいたしました。

「声」欄に何度も出てきますが、私は貧乏な母子家庭に生まれ育ちました。母は毎日、早朝より新聞配達を、その後の時間は近隣農家の日雇いをして、私と妹を育ててくれました。

ですから小さい頃からときどき、難しい漢字を飛ばしたり後で母から教えてもらったりしながら、新聞を読んでいました。新聞は広い世界への扉であり、世の中で起こっていることを教えてくれる窓であり、先生でもありました。

新聞だけは読んでいたものの、私は、学校の勉強も運動も他の人より劣っている少年でした。関西弁で言えば「アカンタレのノリ」だったのです。

勉強が嫌いなため高校を中退。印刷工場で工員をしていた時、何かの工事に来ておられた大工さんが「昼休みに皆は昼寝か麻雀しているのに、君はいつも新聞読んでいて感心やなあ。また学校に戻ったらどうや！」と声をかけてくださりました。

「学校では落ちこぼれでしたし、今更……」と私が口ごもると、「経理を学ぶのはどうや。数年前に新しい学校ができておもしろそうだよ」と、京都経営経理専門学校を紹介してくださいました。

それまで会社の事務所に出入りするたび「会社の活動をすべて数字にする仕事がある」ことに少し興味を持っていた私は「まあ、あかんやろけど」と受験したら、予想に反し合格したのです。

こうして入学。簿記の最初のクラスで「これはおもしろい！」とハマってしまいました。

毎日、放課後や家でも一所懸命、簿記を勉強しました。

6月にある簿記検定3級試験の受験申し込みに教員室に行ったところ、「アホか！　4月に入学してもう受験？ 先輩たちの中でも不合格者が出るのに」と言われてしまったのです。そこで、商工会議所に個人で申し込み、試験を受けました。

結果は、合格。「やったー」です。

学校が始まって以来のビッグニュースで、教師方も含め学校中が驚き、祝福してくださり、突然有名人になりました。

その時、「アカンタレの俺でも、何か好きになって一所懸命努力すれば報われるのやなー」と、人生の深さを学んだような気がして、自信もつきました。

それからは、簿記はもちろん、財務諸表論、企業会計原則、商法会社編（当時は会社法は商法の一部でした）。民法、英語なども一所懸命勉強しました。翌年早々には先輩の勧めで学生会会長に立候補して当選。組織運営や学校との交渉などを経験し、多くのことを学びました。

いまこれを読んでくださっているあなたが、もし何らかの理由で一時、学問をあきらめなければならない事態になったとしても、長い人生です。再度機会を見つけ自己研鑽することをお薦めいたします。自分の才能を自ら見つけて伸ばすことは、非常に大切なことであると、私の経験から自信をもって申しあげます。

専門学校卒業後は、呉服メーカー問屋で営業職を。3年後に退職してヨーロッパへ8カ月のヒッチハイク旅行。1971年から74年まではワシントンDCへ語学留学をして、妻と知り会い結婚。40歳で取締役となり中堅メーカー2社で22年間（「声」欄では18年と22年が混じっていますが、正しくは22年です）務めました。その間もいろいろ自己投資・研鑽をしてきました。

例えば1994年「グロービス・マネジメント・スクール」の第一期生として、受講者8人のうち私のみが全額自己負担で名古屋から東京まで毎週末通って修了。その他中小企業の信用調査講座、ファイナンシャルプランナー、キャリアカウンセラー・コンサルタント等々、すべて自費で資格を取得して、仕事に活用してきました。

更に1993年には、取締役を務めながらNGOを立ち上げ、旧ユーゴスラビアの紛争地をはじめ多くの難民の子どもたちを支援してきました。精神面では「立ち禅」と言われる弓道を34才で始め現在も道場で修行しています。

これらの経験に基づいて形成された私という人間が考え、気がついたこと、世間に問いたいことを、ときどき「声」として投稿し、100回も採用されたのです。

皆さんも、ご自分の意見や考えを投稿してくだされば嬉しい限りです。あらゆる世代から、あらゆるテーマの「声」を募集されています。あなたの「声」が誰かに何かの感動を、または変化の第一歩を与えるかもしれません。その可能性を信じて。

Contents

第1章

2007年～2010年

voice

２００７年の出来事

2月	・公的年金の加入記録の不備は５０００万件以上と判明
5月	・憲法の改正手続きを定めた国民投票法が成立
7月	・サブプライム・ショック（世界同時株安）が発生 ・参院議員選挙で自民党64から37議席に。民主党32から60議席に躍進
9月	・前年「美しい国」を掲げて就任した第一次安倍晋三内閣が総辞職。この内閣は「お友達内閣」とも言われていました。後任として福田康夫内閣発足 ・ミャンマーで反政府デモ10万人を超える。日本人記者長井健司氏が銃弾で死亡
11月	・新しい入国審査制度開始。「9・11テロ」を受けた米国に続いて世界で2番目 ・アムネスティ・インターナショナル等多くの人権組織が日本政府に中止要求
12月	・『不都合な真実』のゴア前米国副大統領に「ノーベル平和賞」 ・ネットカフェ難民が５０００人を超える

● 「今年の漢字」大手菓子メーカーの食品偽装問題の続発で、「偽」
● 芥川賞　諏訪哲史『アサッテの人』、川上未映子『乳と卵』
● 直木賞　松井今朝子『吉原手引草』、桜庭一樹『私の男』

新入国審査は外国人いじめ　第1回目【2007年12月29日】

11月から実施された「新入国審査」について、12月25日本紙「私の視点」に林伯耀《リンポーヤオ》氏の辛辣《しんらつ》な意見が出ていた。その前にも中国人ジャーナリストの批判記事があったが、日本政府は何を考えているのかわからない。

膨大な予算を使い、日本を訪問、再入国するすべての外国人（特別永住者は除く）の指紋採集と顔写真撮影をし、保存している。もちろん林氏のように日本に住み外国人登録証明書を所持する人も例外ではない。

外国人登録制度をパスした外国人までもだ。何のための外国人登録なのかといいたい。日本社会に役立っている外国人は多い。しかしこれらの人も例外なく再入国の度に指紋と写真撮影がある。

日本に不可欠な外国人を心理的に追い出す政策を実施し、再び孤立主義を目指し出したのかと思える。そのうち隣の、仕事仲間の、尊敬する教授の、恋人のなど、外国人が退去して日本を捨ていなくなる日が来ないといえるだろうか。

私は憂える気持ちでいっぱいだが、米国人の妻はとても怒り、落胆している。

2008年の出来事

1月	・中国産冷凍餃子から有害成分検出
2月	・海上自衛隊護衛艦「あたご」千葉沖で漁船と衝突、漁師の親子が行方不明
6月	・国会両院で「アイヌは先住民族」と採択 ・秋葉原で無差別殺傷事件発生
7月	・洞爺湖サミット開催。主テーマは「地球温暖化問題」
9月	・福田康夫首相退任。安倍晋三氏に続き無責任との批判続出。後任に麻生太郎氏 ・リーマン・ブラザーズ破綻（リーマンショック）
11月	・オバマ氏が初めての有色人種として米国大統領選挙当選
12月	・ノーベル物理学賞を南部陽一郎（シカゴ大）、益川敏英（京都産業大）、小林誠（高エネルギー加速研究機構）に。化学賞を下村脩（元米ウッズホール海洋生物学研究所）に。計４氏が授与 ・日比谷に年越し派遣村が設置される

- 「今年の漢字」は、いろいろ変化があったとして、「変」
- 芥川賞　楊逸（ヤンイ）『時が滲む朝』、津村記久子『ポトスライムの舟』
- 直木賞　井上荒野『切羽へ』、天童荒太『悼む人』、山本兼一『利休にたずねよ』

エンジンかけ待つ財界の車　第2回目［2008年1月13日］

中部経済連合会など東海地方の経済4団体の賀詞交換会が8日、名古屋市内のホテルで催されました。所用で周辺を歩いていて驚いたのはホテルの周りに駐車していた百台以上の黒塗りの高級車が例外なくエンジンをかけたままでいたことです。

地球温暖化問題には敏感なはずの経済界の指導者や政治家が、エンジンをかけたままでいれば大量の二酸化炭素（CO^2）を排出することくらいは十分ご存知のはずと思います。1時間後くらいに運転手さんの呼び出しが始まったが、そのころの気温は12度ほどあり、太陽も照っていたので車の中はそれほど寒くなかったはずです。

日ごろ、国会で「洞爺湖サミットは環境問題が主たる議題」とか、会社で「原油高もあり経費削減を」「人間にも地球にも優しい企業です」などと言われても「ほんまかいな」と思わざるを得ません。政財界を問わず、指導者は日ごろから誇りをもって見本を示していただきたいものです。

なお、取材のため多くのマスコミも参加したはずですが、彼らはどう感じたのでしょうか。まさか取材中、待機していた車はエンジンを止めないで室内を暖めていたのでないことを祈りたいと思います。

プロの仕事を要求され驚く　第3回目［2008年7月30日］

アルバイトというと、働く方も、雇用側も軽く考えているようだが、私の経験は全く違う。

40年ほど前。米国のワシントンＤＣに留学し、有名なステーキハウスでバイトをして驚いた。客も、経営者も、仲間も、あくまでもプロとしての仕事を要求し、プロとして処遇されたのだ。仕事にパートもフルタイムも無いことに気がつき、反省した。

お客は、腹を満たすだけに来るわけではない。その日に同じ目的の人は2人といない。また、同じ人でも日によって要求が異なる。その全員を満足させなければならない。それが君の仕事だ、といつも厳しく教えられた。

ある日、20ドルの食事代に80ドルのチップを頂き、オーナーに報告したところ「ようやく君もこのレストランにふさわしいウエーターになった」といって、一緒に喜んでくれた。

私にはこの経験で学んだプロ意識の重要性と誇りが、今もしみ込んでいる。

この「声」のとおり、私は1970年代の初め、ワシントンＤＣ留学中はステーキハウスでアル

バイトをして、学費を稼いでいました。

お客さまは腹を満たすだけのためにお店に来るわけではありません。その日に同じ目的の人は2人といません。また、同じ人でも日によって求めるものが異なります。その个員を満足させなければなりません。それがプロの仕事なのです。

ステーキの種類と名称、焼き方、皿の並べ方や出す順番など、本当に一所懸命覚え工夫しました。常連客の名前はもちろん、顔色や話し方、目の動きでその日の気分を掌握することも。

ある日、シェフに申しあげました。

「あのですね。シェフさんはじめ料理人だけでは料理は完成しませんよね。ウエイターやウエイトレスが料理をお客さまのテーブルに運びます。その時我々が『おいしく召し上がれ』と、真心を振りかけて完成ですよね！」

シェフさんは「何を言ってるんだ？この東洋人は？」という顔でした。でも、それを聞いていたお店のオーナーは、「Ｎｏｒｉｏの言うとおり！それぞれの役目をやり遂げてこそ、お客さまが満足されるのだ。私は経営者として全員が喜んで働き、希望が持てるよう最大の努力をする。これからも笑顔あふれるお店に！」と言ってくださいました。

この経営者は第二次世界大戦中に日本軍の捕虜となった経験がありました。私が彼に雇用された初めての日本人であったことを後で知り、人間としても経営者としても本当に尊敬できる人であったことを再確認しました。

景気に地域差 面接で胸痛む　第４回目［２００８年10月2日］

先日、私が勤務する会社の来年度の高校生採用試験の面接官を務めた。今回初めて、北海道と九州の高校にも働きかけ、両地区から20人を超す応募があったが、東海地方との地域差を肌で感じて胸が痛んだ。

全員キビキビした態度と受け答えがすがすがしく、これまでの高校生と明らかに真剣味が違うが違和感も持ったので素直に聞いてみた。

すると、できれば親元を離れたくないが、地元には職がない。進学したいが経済的理由で断念した。職を得るために何カ月も前から面談の練習をしている等々、本音が出て、「一生懸命に働きますからお願いします」の言葉で結ばれた。

参った。そのけなげな態度に胸が痛んだ。今の日本で多くの生徒が希望の道を歩めない現実を知り、驚いた。

奨学金制度はどうなっているのだろうか？

世界第２の経済大国日本は、この子供らを救えないほどに困窮しているのか？

現実を知らなかったのは私だけだったのか？

あれ以来、私の胸の痛みは消えない。

この年は結果として北海道や九州地方から3人を採用しましたが、2年間で全員退職して故郷に帰りました。非常に残念なことでした。

彼らが退職する際、私は人事担当として、勤務中の評価などを記入した推薦状を発行しました。残念ながら当社では花が咲きませんでしたが、故郷でいい人生を送っていることを祈っています。

2009年の出来事

3月	・日経平均株価最終値が7054円に。バブル後の最安値更新
4月	・日本漢字能力検定協会の理事長・副理事長を背任容疑で逮捕 ・新型インフルエンザが世界的に流行 ・オバマ米大統領がプラハで「核なき世界を目指す」と演説
7月	・民主党の鳩山代表が選挙演説で「普天間基地は最低でも県外」と発言
8月	・麻生首相解散して衆院選挙。民主党が大勝し政権交代。鳩山内閣発足 ・「足利事件」の菅家利和氏が『冤罪〜ある日、私は犯人にされた』を発売 ・裁判員裁判がはじまる
9月	・自由党総裁選に舛添要一不出馬。谷垣禎一が河野太郎、西村康稔を破り当選
11月	・「事業仕分け」を開始 ・オバマ米国大統領初訪日

● 「今年の漢字」は民主党政権や米国のオバマ大統領の政権の発足などで「新」
● 芥川賞　磯崎憲一郎『終の住処』
● 直木賞　北村薫『鷺と雪』、佐々木譲『廃墟に乞う』、白石一文『ほかならぬ人へ』

米国で年の瀬　静かなる時間　第5回目【2009年1月10日】

年末年始、2年ぶりに娘夫婦の住むニューヨークに行ってきました。26日の午前中、みんなで近くのクロイスター美術館へ見学に行きました。

この美術館はメトロポリタン美術館の分館で、中世ヨーロッパの美術品を中心に展示されています。建物もフランスから移設されたものです。その中の教会で、ルネサンス時代の楽器で、その時代の音楽を奏でるコンサートがありました。

現在の楽器の原型となっているものや今はもう見られない奇妙な楽器で当時のクリスマス音楽を1時間ほど聴かせてくれました。現在の明るいが騒がしいクリスマスキャロルとは異なり、静かな清楚《せいそ》な音楽会でした。

いす席と立ち見を入れ200人ぐらいでした。白人、アフリカ系、南米系、そして私たちのようなアジア系、たぶん中東系の人も、全員最後まで聴いていかれました。

大統領選挙や金融危機など、騒がしい年であっただけに、静かなアメリカのひとときに心が満たされるとともに別のアメリカを発見し、少し安心しました。

クロイスター美術館（The Met Cloisters）はマンハッタン島の北の端にあります。マンハッタンというと超高層ビル群を想像されると思いますが、この近辺は全く異なります。ハドソンハイツと呼ばれる丘になっていて、ハドソン川を西に見て対岸はニュージャージ州。天気の良い日は夕日がジョージ・ワシントンブリッジにかかり素晴らしい光景です。

美術館はFort Tryon Parkという大きな公園の中にあり、私は娘たちを訪問するたびに、妻と朝や夕方に散歩に出かけ自然を楽しんでいます。

またこの公園は、アメリカ独立戦争の際に砦となり英国軍に勝利した場所でもあります。更に最初の女性米国軍人であるマーガレット・コクラン・コービン（Margaret Cochran Corbin）の記念碑などもあり、異なったニューヨークが楽しめます。機会があればぜひ訪問してください。

「社会の木鐸」忘れないよう　第6回目［2009年3月26日］

22日の朝刊文化面に、100アンサーズの最終回として「新聞よ、どこへいくのか」とのアンケート結果が出ていた。

京都に生まれ明治の祖父の代からの読者としては「新聞よ、どこへもいかないで」と言いたい。ラジオ、テレビ、インターネットなどが増えたが、新聞はどこにいてもゆっくりそしゃくしながら読めて、必要なら再読・確認し、さらに切り抜いて保存もできる。

私は新聞から多くを学び、広く深く学ぶきっかけも得た。職場での管理者教育でも経営修士の教科書と共に、多くの記事をコピーし活用した。

新聞が「生き残るために何が必要か」との問いに対する回答にもあったが、「奇抜でなく基本的な使命に忠実」「部数減におびえないこと」「若者に迎合しない」は、言うに及ばないだろう。

読者や配達員を忘れたインテリ意識や、戦中や小泉政権下の時のような権力にすり寄った記事、記者クラブ制度に安住したような記事では明日はないのではないか。

最後はやはり、社会の木鐸《ぼくたく》としての役割を忘れないでいただきたい。

理事長ただす者いないのか　第7回目［2009年4月19日］

日本漢字能力検定協会についてさまざまな問題が連日報道されている。焦点は一つ。公益法人であるにもかかわらず理事長父子が私物化していたのではないかということだ。本当なら許されることではない。しかし、協会のホームページを見ると理事や評議員には立派な人たちが列挙されている。この人たちは何をしていたのか、不思議でならない。この人たちへのインタビュー記事も見あたらない。

理事といえば、会社で言えば取締役に当たる。取締役会に出席し、各取締役の執行を相互に監督するとともに代表権を持つ社長や会長の選定や解任も出来る。つまり会社の利益に反する行為や法令違反があれば、それをただし、改めない場合は代表権を持つといえども解任出来るし、すべきである。

文科省も協会を毎年度、チェックしていたはずだ。近年の漢字ブームを考えるとマスコミも協会の運営にもっと注意を向け、取材すべきではなかったか。

私物化が事実ならただすべきことを誰もしてこなかった結果である。よって今年の漢字一文字は「糺《ただ》す」の「糺《きゅう》」としたいものだ。

ノリタケ展で名古屋見直す友　第8回目〔2009年6月4日〕

スイスからの友人を連れて名古屋ボストン美術館へ行った。ゴーギャン展では日本初公開という大作「我々はどこから来たのか　我々は何者か　我々はどこへ行くのか」を見た。遅咲きの画家の作風の変遷と、人間としての苦悩が分かったように思えた。若くない私たちも「生と死」について改めて考えさせられ、年甲斐《としがい》もなく哲学的な議論をした。

同時開催の「ノリタケデザイン100年の歴史」も見た。展示の食器類を見ているだけで共に「おいしそう!」。世界中の食卓を飾り続けている企業家精神に敬意を表し、わざわざ「ノリタケの森」へも行った。彼は町名をブランド名にしていることを知り、企業の文化性の高さと社会的責任にいたく感動していた。

歴史ある市名が自動車メーカーの名前に変更されたことを知り、名古屋を中心とするこの地には、文明はあるが文化の香りがないと厳しかった彼も多少は見直してくれたようで、私も少し鼻が高くなった。

コンビニ弁当の値引き

消費者も便利さ見直す時期　第9回目［2009年6月27日］

公取委がセブンーイレブンに出した排除命令は当然のことである。

本部の指示で値引きせずに廃棄された弁当類は、コンビニ主要10社だけでも年間17万トン、約4億2千万食になるという。何と愚かな無駄だろう。

世界中から集めた食材、それを育成するための水や肥料、農家の手間。そして輸入や加工のためのエネルギー……。すべて廃棄され廃棄後さらに膨大なエネルギーを消費して処分されているのだ。

世界中で10億人以上が飢えに苦しんでいるというのにである。セブンーイレブン本部は、今回の命令に対し、自らの損得だけでなく大きく社会的責任の観点から判断をするべきではないか。

コンビニの英断に期待するとともに、我々消費者も今後は便利で快適な生活を支える暗部を知り、変わる時期ではないだろうか。

コンビニや安くてうまいレストランのチェーン化で非常に便利な世の中になりました。

また、ひとり親や少子高齢化、更には「コロナ禍」の最中には欲しい物、必要な物のネットでの購入が急増しました。

ただし、その「便利」を支える人々への関心や注意力が消費者に欠如しています。

休憩時間もない、安い賃金で満足な生活もできないなど、厳しい環境下で働いている人々も多くいます。我々消費者もその現実に目を向け行動しないと、自分の子どもたち、孫たちがそのひとりとなった時、あわてることになります。

その現実をよく観察して「どうすれば正常な社会をつくれるのか」を考えて、行動したいものです。

取り調べテープ　なぜ今ごろ　第10回目［2009年8月14日］

検事の「秋霜烈日」のバッジが示すように、「悪人は眠らせない」との検察庁の姿勢は、私たち国民から少なからずの期待と支持を得てきたのではないか。

それに疑問を投げかけるような事実が11日の本紙で報道されていた。

「足利事件」で再審開始が決定した菅家利和さんに対する取り調べを、すでに92年2月からテープに録音していたというのだ。足利事件とは別の二つの事件の取り調べのものであり、その真意は不明であるが、貴重な試みと記録である。

しかし、その事実が、現在に至るまで明らかにならなかったことが恐ろしい。

犯罪の真実を明らかにする努力より、捜査当局の意向に沿った判決を引き出すことだけに集中し、疑問があってもそれ以外は排除し隠蔽《いんぺい》する。そのような検察の姿勢に失望と恐怖を感じるのは私だけではあるまい。

国民は、犯罪に対してだけでなく、自らにも、「秋霜烈日」の姿勢で臨むことを検察に期待している。

舛添さんの不出馬情けない　第11回目［2009年9月6日］

舛添厚労相が自民党総裁選への不出馬を表明した。森元首相や青木前参院議員会長ら党の「重鎮」と会談し、その意向に添っての不出馬だと3日の本紙が報じている。

私としては、舛添さんが総裁選に出ようが出まいがどうでもいいのだが、舛添さんは解散前から総裁選に意欲的だった。選挙中は不人気な麻生首相に代わって応援に引っ張りだこだったのに、重鎮のご意向で方針変更は情けない。

今回の総選挙での自民党敗北には様々な原因があろうが「影の権力者」や「重鎮」など、我々には見えない人々の意向で指導者が決まるという古い体質への非難もあったのではないか。

森さんも青木さんも、政治家として立派な業績を残した人なのだから、いまだに「ドン」と呼ばれ、権力を保持しているのだろう。

だが、そんな見えない権力を国民は許さない。古い体質から脱却して次期総選挙に備えるべきだ。そうなってこそ「政権交代の時代が来た」と言えるのではないか。

そんな自民党にするためにも、たとえ敗れても出馬する勇気を舛添さんに期待したいのだが……。

安倍氏はまず自己弁明から　第12回目［2009年10月11日］

9月30日の本紙朝刊に「自民再生　処方箋《せん》を聞く」として安倍晋三元首相の意見「保守による構造改革を」が載っていた。

ポイントは、自分の政権では小泉政権の誤りも行きすぎも修正したいと思ったこと、保守派と自由主義経済の信奉者とのドッキングを狙っていたこと。極め付きが、憲法を改正し真の独立を達成すること、だった。

国民は、少なくとも私は、「処方箋」の前に、なぜあなたが首相になれたのか、どのような基準で「仲良しクラブ」の組閣をしたのか、そして、なぜ突然「体調不良」でその内閣を放棄したのか、これらの弁明もなく、なぜ再び総選挙に出馬したのかを聞きたい。

一般的に「国民は国民に合った指導者しか持てない」と言われる。私たちは、あなたや福田康夫さんを首相としたことをどれほど情けなく思ったことか。

私は健全な政権交代の時代を期待しているが、少なくとも安倍さんの自民党はいらない。

2022年7月8日、安倍晋三元首相が射殺された時、私はニューヨークの娘宅に滞在していました。

銃社会のアメリカと異なり、日本での「射殺」ということにとても驚きました。ともにアメリカ人の、とりわけ政府関係者の反応を異常に感じました。ホワイトハウスで働く娘の友人から聞いたのですが、多くのアメリカ人が安倍晋三元首相の功績を評価し、胸を痛めているのを知り、驚きました。

また孫たちを連れて行っていたプールでも私が日本人と知ると、多くのアメリカ人から「弔意の言葉」をいただき、安倍晋三元首相に対しては非常に厳しい「声」ばかりの私としては複雑な気持ちになりました。

ひとりの日本人として、ご家族やご友人たちには心からお悔やみを申しあげます。ともに、彼は自らの死をもって「旧統一教会」の危険性を日本社会に知らせ、宗教と政治の在り方を真剣に考える機会を与えたのだ、と思います。

彼は「あの民主党政権の悪夢の3年」と、国会でよく言っていました。でも安倍政権はその「民主党政権」を非難することで歴史的な長期政権となったのです。

「森友学園・加計学園・桜を見る会」問題も解決していません。彼が遺した「負の遺産」を真剣に検証し、学び、次の健全なる政権交代へと活かさなければ、日本の政治に将来はありません。

青春と今が融合した三重の旅　第13回目［２００９年12月3日］

三重県立美術館で「大橋歩展」を見ました。同県伊勢市で中学校時代のクラス会があり、それに合わせた鑑賞です。「平凡パンチ」の創刊。18歳ぐらいだった私たちは雑誌の内容ばかりでなく、表紙の斬新さに驚きと興奮を覚えました。

会場を巡っていると、私たちが青春を過ごしたあの時代がよみがえってきました。高度成長の真っただ中で、昨日より今日、今日より明日が必ず良くなると信じて疑わなかった時代。一方では大学紛争、安保闘争、ベトナム反戦、車やヨット遊びが話題となった時でもありました。

クラス会には14人が参加しました。33人のクラスでしたから上出来です。手品を覚えて老人施設を訪問している、教師だった経験を生かして問題児を教育している、事業を起こし頑張っている、子どもを政治家に育て、世直しをしている、家族の介護の毎日。みんな懸命です。翌日は「お伊勢さん」へ。若い時代と現在が融合したような有意義な2日間でした。

今こそ問われる国民の政治力　第14回目【2009年12月23日】

期待と不安で始まった歴史的政権交代から約１００日。連日の報道を見る限り、現在のところは「不安」が的中、と言えなくもない。

日米外交の不信、マニフェストの違反、民主党内の二重構造、連立政権内での意思の不統一……。

民主党が与党として肩に力が入るなか、連立相手の社民党や国民新党が存在感を示そうと様々発言するのは分からないではない。

しかし、政権を手放したくない、と短絡的に権力を行使しては国民の支持を失うばかりでなく、国の将来を危うくすることに気付いてほしい。

マスコミには批判や不安をあおるより、冷静な判断が出来る記事をお願いしたい。我々国民も日々の報道に右往左往するのではなく、「民主主義とは」「政権交代とは」とその意味を考えたい。

そのためには「今、何をなすべきか」を見極める国民の政治力も必要になるだろう。

2010年の出来事

1月	・社会保険庁が廃止され、日本年金機構発足 ・日本航空が会社更生法適用を地裁に申請。稲盛和夫会長就任、リストラ開始
2月	・大量リコール問題でトヨタ自動車・豊田章夫社長が米下院公聴会で陳謝
3月	・足利事件の菅家利和氏に再審無罪判決
5月	・日米政府が「普天間基地移転先を名護市辺野古へ」との共同声明
6月	・鳩山首相、普天間基地移転問題等で退任。後任として菅直人内閣発足 ・小惑星探機「はやぶさ」が7年に及ぶ宇宙の旅を終えて帰還
8月	・「30年に一度」の異常気象で熱中症緊急搬送。全国で1718人死亡
9月	・尖閣諸島付近で中国漁船が海上保安庁巡視船に衝突 ・厚生労働省文書偽造事件。元局長の村木厚子氏に無罪判決。大阪地検特捜部が改ざん ・北朝鮮で金正日の三男正恩氏が中央軍事副委員長に就任。後継者としてデビュー

- 「今年の漢字」は、記録的な猛暑で「暑」
- 芥川賞　赤染晶子『乙女の密告』、朝吹真理子『きことわ』、西村賢太『苦役列車』
- 直木賞　中島京子『小さいおうち』、木内昇『漂砂のうたう』、道尾秀介『月と蟹』

指導者としての説明責任を　第15回目［2010年1月19日］

民主党の小沢一郎幹事長の事務所捜索に続いて、元秘書の石川知裕衆院議員らが政治資金規正法違反の容疑で逮捕された。

50年に及ぶ自民党政権に、様々な面で失望していた私たち国民は昨夏、選挙による政権交代を実現させ、日本の新しい一ページを開いたはずだった。

それなのに小沢幹事長の元秘書の逮捕、鳩山首相の献金問題……。様々な噂《うわさ》はあったが、民主党なら「選ばれた者」として説明責任を果たすと信じていたからこその選択だった。自らすべてを国民の前に明らかにし、司法とともに国民の判断を仰ぐ行動をとると期待したい。

だが、残念ながら期待は裏切られている。「国一人で興り、国一人で滅ぶ」と言う。

鳩山さんも、小沢さんも日本を愛し、国民を思うなら、日本崩壊の引き金を引く前に、潔く説明責任を果たすべきだ。

従業員は監査役より取締役に　第16回目［2010年3月2日］

会社法の見直しが法制審議会で始まりました。2月24日の本紙によると従業員の代表を監査役に選任する案がありました。が、私はむしろ監査役より直接、会社運営に責任を持つ取締役に選任することを提案したいと思います。

その理由は、例えば株価を上げるため、従業員の給与カットや人的リストラをするとか、会社利益、株主利益が優先されるあまり、消費者に不利な情報が公開されないということが多少は改善されるのではないかと期待します。

日本の取締役や監査役は株主総会で選任されます。が、その候補者名簿は会長、社長などの実力者の意向で決まります。故に選任された者は、よほどのことがない限り実力者に反対などはできないようになっています。

誰を取締役や監査役に選任するかより、就任後、選任される者がとるべき行動をしっかり学び、徹底する方法を審議してもらいたいものです。

「看板掛け替え」でない新党を　第17回目［2010年4月8日］

平沼赳夫元経済産業相と自民党を離党した与謝野馨元財務相が、新党を結成するようだ。他にも数人の議員が参加するらしいが、党名という「看板」の架け替えだけでは国民はだまされない。与謝野氏は先の総選挙では自民党の公約の下で戦い、当選したのだから、離党や新党結成は選挙民や自民党員への裏切りではないか。

不満があるなら、自分が党首になり、まず党内で改革すべきである。

民主党はこの件を、自らに有利と見て「敵失を歓迎」しているとのこと。一国の指導者、政権与党の見方としては何とも情けなく、浅ましいことではないか。

もっとも金権と指導力不足で迷走している現状では、自力での支持率回復は不可能ゆえ、敵失でも母親の力でも、なんでも借りる以外に選択肢はないのだろうが。

我々国民がいま切実に求めているのは、テレビやブログやツイッターでその場受けする無責任なことを声高に叫ぶような、浅薄な「政治屋」さんなどでは断じてない。

冷静沈着に国家百年を考え、政策を着実に練り上げ、それをちゃんと国民に説明し、納得させることができる真の政治家である。

夏の参議院選挙では、私たち有権者の眼力も問われているのだ。

竹中氏に「参院」語る資格なし　第18回目［2010年5月17日］

本紙13日の「耕論」に、来る参院選について竹中平蔵氏の意見が掲載されていました。そうです。あの小泉内閣で経済財政担当相などを歴任し、改革と過度の規制緩和を実行した竹中氏です。

耕論の中で、憲法上、参院は専門集団としての能力を期待されて6年という長い任期を与えられ、しっかりとした政策判断をするのが本来の役割のはずと定義され、そのための提案がいろいろ述べられていました。

しかし、あなたにそのようなことを語る資格はないし、聞きたくもありません。自分のことをもうお忘れですか。小泉政権が終わると任期途中で議席を投げ出して学問の府に逃げ込み、今日の政治に対しいろいろ外野席から発言されているあなたに。

「良識の府」「専門性の府」として再定義する必要があるとも述べられていますが国民を裏切り、そのどちらも自ら捨てたのは、あなたですよ。竹中氏のような無責任な人がこの国の政治を堕落させてきたと私は怒っています。

新風吹かせるか！ 新中国大使 第19回目【2010年6月22日】

新中国大使に伊藤忠商事相談役の丹羽宇一郎氏が起用されました。政権交代による官僚主導から政治主導への象徴的な人事です。氏は昨年9月まで本紙be面で「丹羽宇一郎の　負けてたまるか！」を連載しており、その博識と歯切れのいい文章に毎回、納得、感嘆、賛同しながら拝読していました。企業経営や経済だけでなく、広く、深く国家の将来を見据えた骨太のコラムでした。

中国の友人に、丹羽氏が合弁企業訪問のたびに通訳と秘書役を務めた人がいます。氏は心が広く、国際センスにあふれ、交渉相手としては厳しいが尊敬されるビジネスマンだよとよく聞かされています。

新大使には「負けてたまるか！」の精神で、問題が少なくない日中間に丹羽流の新風を吹き込んでくださるよう、中国の友人たちも私も大いに期待しています。

敗北しても国家百年の計、実行へ　第20回目［2010年7月13日］

参院選は予想通り「呪われた消費税」で、与党の過半数割れという結果となった。選挙当日の菅首相の全面広告も効果はなかった。

かといって自公に再び政権を戻すほどでもないし、選挙前に雨後のタケノコのように誕生した政党も、日本を立ち上げるほどの議席を確保できなかった。

カネと政治、普天間基地問題など民主党にとっては不利な材料はあったものの今回の参院選は消費税の増税問題のみが脚光を浴びた。それゆえ、これが本当の民意の表れの結果とは私には思えない。国家財政の危機、加速する少子化と高齢化、荒れる森林や農地、近隣諸国との領土問題や安全保障など。そしてなんの進展もない沖縄問題。今の日本が抱える大きな問題はまだまだたくさんあるはずだ。

「ねじれ国会」となり、国会運営は厳しくなるだろうが菅首相にぜひ、お願いしたいことがある。マスコミ圧力や人気投票の世論調査の結果に一喜一憂しないで、国家100年を考え実行して欲しい。

剛腕政治家・小沢さんの出番　第21回目［2010年8月23日］

9月の民主党代表選に小沢一郎前幹事長が立候補するよう要望する声が強まっている。大半は自分勝手な論理で低レベルなものだが、私は違う。積極的に小沢氏の出馬と勝利を願っている。寄せ集めの民主党を一つにまとめ上げ、官僚政治から脱却し、閉塞《へいそく》感漂う日本を希望の持てる国へ再生できるのは小沢氏しかいない。短期間の政権が続くマイナス面は十分承知したうえでの期待だ。首相に就任すれば任期いっぱい務めてほしい。風貌《ふうぼう》と政治手法から剛腕などと呼ばれる小沢氏だが、政治理念や発言にブレがない。

日本の政治を悪くしているのは国家より自分と省益が大事な官僚、その僕《しもべ》になり下がった政治家たち、さらに、それを許してきた国民の「官僚信仰」である。その悪循環からの脱却を剛腕に望みたい。

今年で政治家生活41年、自民党を離脱して17年で68歳。政治家として日本国と国民への最後のご奉公を求めたい。もちろん、その際は政治とカネの問題を国民に説明することを忘れないでほしい。

市民派政治家の姿取り戻して　第22回目［2010年9月19日］

民主党代表選で再選された菅さんに、まずお祝いを申し上げたい。これで日本の首相がコロコロ代わることへの内外の不安も一応、回避されたことだし……。

しかし、私は心の底から喜べない。市民派政治家として名をとどろかせた往年のさわやかな馬力も、エイズ薬害問題で見せた切れ味と指導力も総理になってからは感じられないからだ。

これからは、弱者の味方の市民派政治家として沖縄問題など閉塞感《へいそくかん》漂う諸問題に正面から取り組んでほしいものだ。党内の選挙で選ばれての続投だが、菅さんが仕えるのは我々国民なのを忘れないでいただきたい。

国民の血税で養っている霞が関の官僚たちには、公僕とは何か、何をすべきか、何をすべきでないかを、しっかりと指導、教育してほしい。それでこそ、我々国民は政権交代の成果を手にすることが出来るのだ。

法人税減税で競争力つかない　第23回目［2010年10月23日］

「高い法人税が日本企業の競争力を奪っている」との経済界の圧力で法人税減税が検討されている。競争力が衰えているのは法人税や人件費が高いからではない。経営者に知恵がないだけである。

インフラが整い、安心・安全な日本社会は税金で構築され、保持されている。また、戦後の均一的な教育を受けた従順で優秀な従業員。これらを日本企業は安価に使用し成長してきたのである。

そして、経営の失敗をリストラなどの人的犠牲でしのぎ、しかも法人の7割は赤字で税負担をしていないのに、何が減税か。

無能な経営者ほど法人税や人件費を下げないなら工場を海外に移転せざるを得ない、とのたまう。結構である。出ていってもらおうじゃないか。

優秀な人材や社会基盤を生かし高価格でも競争力のある製品の開発と市場創造をしてこそ経営者である。知恵と誇りのない経営者は恥を知るべきだ。

それでもなお小沢氏に期待　第24回目〔2010年12月7日〕

もちろん知っています。国民の多くが好んでいないことを。しかも「政治とカネ」の問題を抱えていることも。そうです。小沢一郎・民主党元代表のことです。私はそれを承知の上でなお、小沢氏にこの日本の政治を託してみたいと思っています。

経済は一流、政治は三流と言われた時代がありました。が、経済力が低下した今、世界での存在感はますます低下し、国民の誇りも自信も失いつつあります。すべて「お上」の責任とは申しません。

でも、マスコミが報道するほど日本は捨てたものではありません。世界に誇る高い技術や文化も、まだまだ健在です。政治と外交がそれらをちゃんと世界に理解させていないだけです。そこで、小沢氏の出番です。色々あるでしょうが、小沢さん。今抱える疑惑のすべてを国民に納得いくよう説明し、長年の貴重な政治経験と知識を出し尽くしていただくことを願いたい。

広い世界を見てやろう

「わあ。外人ばっかりや！」

　1969年4月初め、ウィーン西駅で最初に私が発した言葉です。（私が外人なのに！）

　23歳だった私は、それまで勤めていた会社を退職。ヨーロッパヒッチハイクの旅に出ました。退職届を出した時、専務がわざわざ自宅までお越しくださり、「会社は君にとても期待している。どうせ数カ月で帰国するのだろうから、休職にしなさい」と有難いお言葉をいただきました。

　友人たちからは「お前、アホか！　60万円以上も使うならカローラかサニーが買えるで。車なら10年使える。それを2、3カ月のヨーロッパ旅行に！　バカか！」と言われました。

　でも私は「とにかく広い世界を見てやろう」と、出かけました。なお当時は1ドルが360円の固定為替制度で、しかも海外へ一度に持ち出せるのは500ドルのみという、今では考えられない時代でした。（60万円の内訳は、360円×500ドル＝18万円＋予備費2万円＋横浜→ウィーン間のツアー代15万円＋病気など万一の場合を考えヨーロッパ→日本間の航空券25万円＝合計60万円です。）

　ヒッチハイクとユースホステルの利用、時には野宿を繰り返し、結局8カ月も旅をすることになったのです。

この頃ヨーロッパへ安く行くには、当時のロシア経由か船で喜望峰回り（第三次中東戦争でスエズ運河は閉鎖されていましたので）で40日かけて行くしかありませんでした。ロシア経由の場合も当時は冷戦時代でしたので、ツアーに参加する必要がありました。

ですから3月末横浜出発↓（船旅）ナホトカ↓（汽車）ウラジオストク↓（飛行機）モスクワ↓ワルシャワ経由（汽車）ウイーンと乗り継ぎ、合計8日間でヨーロッパに入りました。

ツアーで一緒だった人たち、一人は在パリ日本大使館へ赴任する第3等書記官でその頃の共産圏の実態を見るため参加した人、モデルの勉強でパリに行く若き女性二人、ドイツの大学院で農業を学ぶ留学生が一人、当時の大学紛争の当事者で停学・退学処分から逃れるため親戚が赴任しているローマへ親が送り出した学生一人、全員それぞれの目的地への汽車に乗り換えて去って行き、ヒッチハイカーであった私のみが、駅のコンコースに残されたのです。周りは背が高く青い目の金髪の人ばかりで東洋人は私一人でしたので、思わず冒頭の言葉が出たのです。

なお、当時欧州諸共同体（EU）は既に結成されていましたので北欧国家を含め国ごとのビザ取得は不要でしたが、共同貨幣である「ユーロ」はまだ導入されていませんでした。ヒッチハイクで各国の国境を超えるたびにその国の通貨に換金しなければならない、という面倒な時代でした。

第2章

2011年～2014年

voice

2011年の出来事

1月	・チェジニアで民主化運動（ジャスミン革命） ・小沢一郎民主党元代表の資金管理団体「陸山会」の土地取引問題で小沢元代表や元秘書の石川知裕衆院議員ら3人を起訴。後日小沢氏は無罪となる
2月	・八百長問題で大相撲春場所中止
3月	・東日本大震災発生。原発事故で47万人が避難など甚大被害 ・名古屋市議会の政令都市初のリコール出直し選挙で「減税日本」が第一党躍進
5月	・アルカイダ指導者のビンラディン、パキスタンで米軍に殺害される
7月	・女子サッカーワールドカップで「なでしこジャパン」優勝。男女を通じて初めて
9月	・菅直人首相が「東日本大震災や東電福島第一原発事故にめどがついた」と退陣
11月	・野田首相がハワイでの日米首脳会議で環太平洋経済連携協定（TPP）参加を表明
12月	・北朝鮮の金正日総書記死去

● 「今年の漢字」は、東日本大震災の発生を受けて「絆」
● 芥川賞　円城塔『道化師の蝶』、田中慎弥『共喰い』
● 直木賞　池井戸潤『下町ロケット』、葉室麟『蜩ノ記』

苦労の経験　次世代へ伝えよう　第25回目［2011年2月23日］

2月13日の本欄の「父が『面目ない』と謝った夜」には泣け、そして亡き母を思い出しました。貧しい母子家庭だった私は、小学校3年生の時、絵の具が買ってもらえなかった悲しさを作文にしたら何かの賞をもらいました。それを読んだ母は「おまえにこんな思いをさせ、ごめんな。でも貧乏は恥ではない、心の貧乏こそ恥だよ」と、コンコンと言い聞かせた寂しく怖い顔を今も鮮明に覚えています。

今の日本にはこの投稿者のような親子が少なくなってしまいました。大学受験や会社訪問にまで付き添う親。「いい学校に入っていい会社に入社するためには友人なんていらない。周りは競争相手よ」と説く親。

どうしたのでしょうか、今の日本は。

最近、米国出張からの帰路、隣り合ったフィリピン人の医師の女性に日本のそんな現状を話したら、「それはあなたがた、苦労をした世代がその貴重な経験を次代に引き継がなかったからよ」と一喝された。

子は親の背中を見て育つ。あー、反省はまだ間に合うのだろうか。

この「声」にあるように本当に貧しい暮らしでした。おかずのない時は、「一つの卵を三人で」分けて、ガサガサと麦飯をかき込む夕食でした。

私の二人の子どもが小学生の高学年になった時、「君たちの父親の小さい頃はこんな生活だったのだよ」と、この「一つの卵を三人で」の話をよくしました。そして続けて「今の我が家ではそのようなことを考えず腹一杯食べなさい、でも、今でも君たちのオヤジのような生活、いや、もっとひどい、まともな食べ物すらない子どもたちもいるということを、忘れないで」と言い聞かせたものです。

「素人議員」は自覚と勉強を　第26回目〔2011年3月16日〕

名古屋市の河村たかし市長の奇抜な手法による「地方政治の変革」第2段階の出直し名古屋市議会議員選挙が13日あった。結果は予想通りとも意外とも言えるもので、減税日本が過半数には届かなかったものの第1党になった。名古屋市民は微妙にして冷静な判断をしたと私は思う。

「議員の家業家反対」で、75の定数に対して新顔35人の「政治の素人議会」が誕生した。本当に素人で大丈夫か。特に家業があるから1期、2期でやめるからと軽い気持ちを持ってもらっては困る。

河村市長は「地方から政治改革」を唱えている。つまり市民による市民のための政治の実現にほかならない。そう考えれば当選で浮かれている場合ではない。地方議会の議員は、どのような権利と義務があるかをしっかりと勉強し選挙公約をはじめとする重要政策を実施してもらいたい。でないと無知と無責任が市民を不幸にする。

―憲法記念日特集―

職場で憲法は生きていますか　第27回目［2011年5月3日］

皆さんの職場では憲法は生きていますか？

自動車メーカーの下請けで親会社製の車で通勤する人しか雇用しないとか、採用しても他社製なら通勤手当が半額とか。経営者が親しい政治家の後援会にむりやり加入させられたといった経験はありませんか。これらは憲法第14条の「法の下の平等」や第19条の「思想及び良心の自由」に反します。

第28条で勤労者の団体交渉権が保障されているのに、労使協議会の場で社長の中には「俺は忙しいが情けで出てやっている。ありがたく思え」なんて暴言を吐く人物もいます。また、「情報管理」と称して、こっそりパソコンをモニタリングし、集めた情報をひそかに人事考課・思想調査などに利用されていませんか。第20条の「信教の自由」や第21条の「集会・結社・表現の自由、検閲の禁止、通信の秘密」に違反しています。

不況だからと最低賃金以下で雇用されていませんか。これは第25条の「すべての国民は、健康で文化的な最低限度の生活を営む権利を有する」を無視しています。憲法記念日に職場を検証しませんか。

指導者がいない日本を嘆く　第28回目【2011年6月6日】

菅直人首相の内閣不信任案が反対多数で否決された。しかし退陣時期をめぐり国民不在の権力争いは当分続きそうである。それにしても何たる醜態だろう。

まず小沢一郎さんに申し上げたい。「政治とカネ」問題を抱える現在でも少なからずの国民は小沢さんに期待していた。しかし、日本国全体が苦しんでいるこの時期に野党提出の不信任案に賛意を表し、代表まで務めた民主党政権を揺さぶるとはあまりにも情けない。政権を手に入れたいなら正面から正々堂々と国民に問うべきである。

次に鳩山由紀夫さん。「人間はうそをついてはいけない」とは何たる厚顔無恥。あなたこそ首相時代も辞任後もウソばかりではないか。ウソがばれて辞任。議員すら辞めるとのことだったが、これまたウソ。菅首相に辞任を約束させるなど恥を知りなさい。

最後に谷垣禎一さん。野党の党首としては当然の不信任案提出かもしれない。でも、自民党ならこの危機に対し菅内閣を超える対応ができたとは国民は全然思っていない。

国民はその国民に合った指導者しか持てないというが、今の日本は国民にふさわしい指導者が不在である。さて、どうするか。

しっかりしてよ！「減税日本」　第29回目［2011年7月6日］

前名古屋市議団長の費用弁済の公約違反に始まり、市議会議長の辞任時期をめぐる混乱。そして、名古屋市議と愛知県議の薬事法違反。地域政党「減税日本」の迷走は、どこまで続くのか。「政治家の家業化を回避し、市民感覚と市民の目線での政治を」との訴えに期待し、一票を投じた者としては「減税日本、お前もか」と、ガックリだ。

選挙期間中の「素人集団です、新人ばかりです」には、多少の危惧を抱いていた。安直なパフォーマンスも目立った。

そして、不祥事がばれて「勉強不足で……」とは、あまりにも無責任だ。政治家を目指すなら、立候補前に少なくとも憲法や自治法などを勉強し、当選したらどのような義務と権利があるのかを自覚しておくのが選挙民への最低限の礼儀ではないか。

今からでも遅くはない。身辺整理をきっちりやり、うみを出し切り、初心に戻り、活動して頂きたい。

小沢氏の剛腕にあえて期待　第30回目［2011年8月26日］

反論の嵐を覚悟で申し上げます。民主党代表選に小沢一郎氏の出馬を期待したい。当選し、長期安定政権で混迷の日本を誇りと夢のある日本に再生するための指導力を発揮して欲しい。

小沢グループの支持欲しさに党員資格停止処分の取り消しを「公約」に掲げざるを得ないような、節操のない政治家に日本の政治は任せられない。

前原誠司前外相にしても、国民的な人気があるから党の顔として立候補をお願いしたい、とは情けない。人気投票など国民の気まぐれ以外の何ものでもない。当選すれば外国人献金問題で野党の非難を浴び、短期政権に終わるのではないか。野党もそれを狙っているのでは。偽メール問題での党代表辞任を思い出せば分かることではないか。

起訴イコール有罪ではない。小沢さんの献金問題は、推定無罪の段階である。代表選を延期してでも党大会を開催し、正面から堂々と処分取り消し決議すればいいのではないか。

剛腕、壊し屋など悪いイメージの百貨店のような小沢さんだが、その悪人ぶりを官僚操作や外交、国家百年のためにこそ思い切り発揮して欲しい。

ただし、主権者は監視していることを忘れないで頂きたい。

小沢一郎氏に対して批判的な評価が多いことを、私は充分承知いたしています。しかし、皆さんには冷静に判断していただきたいと思います。

２００９年８月の総選挙で55年体制をぶっ壊して自民党を野党に落とし、民主党、社民党、国民新党の連立政権として鳩山由紀夫内閣が誕生し政権交代を実現しました。この功績は大きいです。また、この時、小沢一郎政権の可能性もありました。歴史に「もし」は無いですが、小沢氏が総理に就任していれば、民主党政権はもっと長く続いていて、日本も今とは大きく異なっていたと思います。

その後日米首脳会議で鳩山首相は、普天間飛行場の辺野古への移転問題でオバマ米国大統領に「トラストミー」と発言し辞任。後を引き継いだ菅直人内閣も東日本大震災への対応等で混乱を招き辞任。その後を野田佳彦が政権を引き継いだものの、２０１２年12月の総選挙で自民党は再度勝利し、12月に第二次安倍晋三内閣が誕生しました。

前回の民主党政権に多くの国民は本当にガックリしました。私もそのひとりです。でも他の民主主義国家では、時々政権交代することで国民の声を国政に反映させています。現在の自民党・公明党政権に私はウンザリしていますが、政権の非難ばかりで地に足が着いた政策が打ち出せず、行動もしない野党にはもっとウンザリです。国家百年を考え、支持団体のみではなく本当に国民が幸せになる政策を実行する野党の誕生が待ち望まれます。私は今でも小沢一郎さんに期待しているのですが……。

次は「中京都構想」の番だ　第31回目〔2011年12月5日〕

大阪秋の陣は、「大阪都構想」を掲げた大阪維新の会が圧勝。大阪府民だけでなく、日本中の市民が変化を求めた結果ではないだろうか。

都道府県と市町村の二重行政のむだは、以前から指摘されてきた。自動車産業に過度に頼ってきた中部地方も円高で工場の海外移転が加速している。次は愛知県と名古屋市の「中京都」に期待したい。

地方自治とは、地方が自らの知恵と責任で将来像を設計し、実現していくことである。「中京都」を実現し、産官学が協力して、自動車産業に加え新しい産業の誘致と育成に努め、文化的で活気のある新しい中部圏を目指すべきではないか。米国シアトル市周辺では、ボーイング社の衰退後、マイクロソフトやアマゾン、スターバックスを世界的な会社に育てた。

第二の廃藩置県で行政の効率化と新しい日本の実現に挑戦してみようではないか。ただし、2年前の政権交代のような浮かれた気持ちを持つと失望するかもしれない。

2012年の出来事

2月	・復興庁が発足、初代大臣に平野達男就任
4月	・石原慎太郎東京都知事が尖閣諸島を都で購入する方針を発表
5月	・原発稼働ゼロに。7月に野田政権再稼働を決断、関西電力の大飯原発3・4号機稼働
8月	・魚釣島に香港の活動家らが上陸。沖縄県警が現行犯逮捕。また韓国の李明博大統領が竹島上陸 ・民主、自民、公明3党で2014年4月消費税率5％から8％に引き上げ合意 ・ロンドンオリンピックで史上最多の38個のメダル獲得
9月	・尖閣諸島国有化を閣議決定。日韓中関係極度に悪化
10月	・山中伸弥（京都大学）iPS細胞開発で、ノーベル医学生理学賞受賞
11月	・国連総会でパレスチナ国連総会を「国家」として採択　・米国のオバマ大統領再選
12月	・東京都知事選、猪瀬直樹氏当選　・韓国大統領選、朴槿恵氏が当選 ・衆院選で自民党圧勝、第二次安倍政権発足

● 「今年の漢字」は、6月の金環日蝕やオリンピック、ノーベル賞等で「金」

● 芥川賞　鹿島田真希『冥土めぐり』、黒田夏子『abさんご』

● 直木賞　辻村深月『鍵のない夢を見る』、朝井リョウ『何者』、安部龍太郎『等伯』

非正規も重い責任、おかしい　第32回目［2012年2月3日］

「正規と非正規社員の差は当然」（1月29日）を読んで大いに疑問を感じました。両者の違いは「会社に責任」を持ち、会社の存続、発展に関与するか否かである、などとされていますが、それらは一般の社員ではなく、経営者の責務だと思います。

一方、社員は正規、非正規を問わず、労働の義務や業務命令に従う義務などがあります。しかしながら実際には、会社への忠誠心や会社の方針に沿った改善、効率化への寄与まで区別なく求められているのではないでしょうか。それなのに非正規社員は賃金や福利厚生、雇用などで不利な扱いを受けています。

区分して雇用する限り非正規社員は認められるべきだとも思いません。正規社員にも、効率化の調整弁として大量に生み出された非正規社員の犠牲のうえで今の生活が維持できていることを、いま一度認識していただきたいと思います。

河村市長は成熟した言動せよ　第33回目【2012年3月9日】

　河村たかし名古屋市長の南京事件を否定する発言の影響は、中国・南京市と名古屋市の姉妹友好都市を超え外交問題に広がっている。

　名古屋市には、戦前の上海に設立された高等教育機関・旧東亜同文書院の流れをくむ愛知大学があり、中国と縁が深い。私は仕事で訪中するたび、商工会議所などでいただく中国関係の資料の量と質の高さに驚く。長女も縁あって北京大学に留学した。そんな私にとって、河村市長の発言は残念でならない。市長は日中の歴史をもっと深く学び、政治家として成熟した言動をお願いしたい。

　3日「耕論」に丹羽宇一郎駐中国大使らのインタビュー記事が掲載された。丹羽大使は「上に立つ人ほど、相手の信頼を得る発言をしなければいけない。言いたいことを言えば国益かというと、絶対に違う。国を滅ぼしちゃいかんよ」と締めくくっていた。河村市長はどう答えますか？

若者よ　新聞を熟読し学ぼう　第34回目［2012年5月20日］

若者の新聞離れが言われて久しいが、新聞には、特にこれから社会に出る学生に有用な知識が詰まっている。

例えば最近の本紙月曜日夕刊では、就職活動中の学生のために「就職なんでも塾」、無名に近いが世界中で評価されている中小企業を紹介する「うちへおいでよ　成長企業」、さらには親のための「親☆カツセミナー」などなど。

これらの記事を読めば、就職し「働く」ことの意味や、仕事との向き合い方、仕事を愛する大切さ、そして私生活とのバランスの大切なことなどを学ぶことができる。

また、1面から最終ページまで目を通すことで、世界の動きやその日本への影響、ミクロからマクロまでの経済も理解できる。何よりも新聞は何度も熟読でき、そのことでいわゆる行間を読める。最初、気づかなかったことも見えてくる。

浅薄で一方的なテレビや、ピンポイントだけのネット情報だけでは、教養ある人間にはなれないことを知ってほしいと思う。

「新聞離れ」と言われて久しくなりますが、私は今でもやはり、新聞が必要であり重要な情報源だという自信を持っています。

まず、一面から最後の「本日のテレビ欄」まで、さーっと目を通します。その中でおもしろそうな見出しを心に入れて、一面からゆっくり読んでいきます。そして気になった記事、おもしろい記事は印をつけ、後で切り取り、保管します。

ときには私が全く知らない、興味がないような広告などにも目を奪われます。それらを読んで、「なるほど、こんなものを必要とする人もいるのだ！」と思ったり。

理科系の記事などは、最初読んでもまったくわかりません。でもゆっくりと、何度も読んで、わからないことは辞書やネットで調べます。それまで興味がなかった、知らなかったことが学べるのです。

新聞には、今後も「世論を引っ張る、創る」ことも期待しています。

またか野村証券　厳罰を求む　第35回目［2012年6月13日］

「野村の抗弁、限界」（9日朝刊）によると、野村証券がインサイダー取引での情報漏れを認めた。また、野村証券である。1991年と97年にも総会屋への利益供与などで、いずれも社長が辞任した。バブルの時代は野村ならず「ノルマ証券」と呼ばれ、強引な営業力は他社から恐れられ、その後も何かと問題多き会社である。

証券取引等監視委員会の調べでは、今回は東電の増資の情報が、野村証券の営業担当者から米国の証券会社に流れた。そのほか、大手顧客の銀行などの運用担当者が、野村の営業担当者から飲食の接待も受け、不当にもうけていた。規制やルールもあったものでなく、一般の顧客をないがしろにする体質は相変わらずだ。

金融庁は行政処分を考えているそうだが、健全な市場経済のためにも、野村も、情報を受けた側も、厳罰に処してもらいたい。

あの夏　何かが変わると思った　第36回目［2012年6月27日］

朝刊1面の特集記事をつくるにあたり、事前に電話をいただき、意見を投稿した多くの人々の中からの6人の1人として掲載されたものです。

消費増税法案が26日、衆院本会議で可決された。「党是」だったムダ遣いの根絶は自民、公明両党との合意の前にかすみ、民主党は事実上の分裂状態に陥った。２００９年夏の政権交代に新たな政治の息吹を感じ、本紙「声」欄に投稿した人たちに、今の思いをたずねた。

齊藤紀夫の意見

「**投稿のタイトル**」：政権交代の意味を考える時

「**いまの民主党にひとこと**」：民主党に政権を運営する能力がないことを証明する無駄な3年間だった。それでも、現状では他の選択肢がない。もう一度チャンスを与えざるを得ない。

就活には自信と誇りをもって　第37回目［2012年7月10日］

就職活動に苦労するお嬢さんをもつお父さんの「採用を見送った理由を教えて」（4日）は、長年、会社の人事担当であった私には胸の痛む投稿でした。私の経験が少しでも役立てば、と思います。

言わずもがなですが、有名な会社、大きな会社がいい人生を約束してくれるとは限りません。むしろ個性のある中小企業、小さくても社員の個性を生かして成長している会社が少なくないでしょう。

また、同じような人材ばかり集まるのを避けるため、その才能を生かせる部署がない時には、優秀で素晴らしい学生でも採用を見送らざるを得ない場合もあります。私はそのような場合や、面接で自分を出せなかった人には、次の会社ではどうすべきかを伝授し、自信を持ってもらうようにしてきました。面接も一期一会の大切な機会と考えたからです。

ただ、今だけです、多くの会社を訪問できるのは。あなたのいい所を見いだせないような会社ならこちらからお断りすればいいのです。自信と誇りをもって面接に臨んでください。必ずあなたを必要とする職場が見つかります。

平等主義こそ会社成長の力だ　第38回目［2012年8月24日］

社員のやる気を引き出すには「平等主義」か「成果主義」かという対論が19日の本紙に掲載された。未来工業相談役の山田昭男氏は平等主義や年功序列の長所を主張。一方、ソフトブレーン創業者の宋文洲氏は、日本企業の伝統的な平等主義が長い目で見て企業をダメにすると反論していた。どちらも説得力がある。だが、中堅メーカー2社の取締役を計22年間務めた私自身の経験からは、やはり日本企業、特に中小企業では平等主義が社員に安心感を与え、やる気を引き出し、新製品開発や成長の源泉になると断言できる。

現実に日本では社員を大切にする会社ほど、いい商品やサービスを生み出し生き残ってきた。反対に大企業も含め今日衰退している会社は、人件費削減のため派遣やパートを増やし、正社員には成果主義を押しつけてきた。仕事や会社に対する愛情をおろそかにしてきた当然の結果だと思う。

雇用問題　消費者も行動しよう　第39回目［2012年9月27日］

23日本紙「東海経済」で非正社員の働き方についての対論が掲載されていた。小出晶子さんが社長を務めるタイヨー機械は全社員106人のうち正社員は7人。パート51人、内職48人。約7割が女性で、65歳以上が半分を占めるほか、障害者も16人という、驚くような人事構成だ。社員の働き方の多様性に対応した結果という。

一方、「反貧困ネットワークあいち」事務局長の樽井直樹弁護士は、できる限り非正社員を正社員にしなければならないと強調。低賃金や雇用が不安定だと結婚もできない。よって「法的規制強化を」と指摘しており、全面的に賛成できる。

だが、いくら法律ができても倫理観が欠如した経営者は、その裏・隙を探し出してくるものだ。それに対抗するためにも、私は消費者がそのような会社の商品は買わない、使わない運動を開始する時であると、提案申し上げたい。

科学者禁錮刑判決を評価する　第40回目［2012年10月30日］

「誰もが自らの行動に責任を負わねばならないということを、この裁判で学んでほしい」。イタリア中部ラクイラの地震をめぐる裁判で、科学者に禁錮刑判決が下った。これは、その科学者たちを告発した遺族会の会長の言葉だ。その言葉を読んで、「その通りだ。よく言った」と思った。

日本でも、責任ある立場にいながら、責任の存在すら認識していない者が多すぎる。福島第一原発事故で、専門家に対して大いなる不満といらだちを覚え、この言葉を一服の清涼剤のように感じたのは私だけではないのではないか。日頃は原発利権にむらがる勢力に都合の良い学説ばかり並べ、その学説と異なる事象が発生すれば、「想定外だった」と逃げる。その想定外を想定するのが学者であるはずなのに、ご都合主義としか言いようがない。

もちろん、このような判決が出れば、今後科学者は何もしなくなったり、何でもかんでも避難を呼びかけるようになったりする恐れはある。それでもこの判決が評価されるべきなのは、科学者も他者から責任を追及される前に自ら責任を認める勇気と謙虚さが必要だと言っているからだ。

パレスチナの国家昇格を喜ぶ　第41回目［2012年12月5日］

11月29日の国連総会で、パレスチナを「オブザーバー機構」から「オブザーバー国家」に格上げすることが賛成多数で採決された。このニュースをホッとした気持ちで聞いた。

私はパレスチナとイスラエルの問題について詳しくはない。ただ、ユダヤ人の何世紀にもわたる受難の歴史、とりわけ第2次世界大戦中のホロコーストについては学校でも学んだし、多くの映画などでも見聞した。岐阜県八百津町の「杉原千畝記念館」でもその一端を学ぶことができる。

それ故に常々、イスラエルの行動を不可解に思っていた。自らが何世紀も苦しめられてきたのに、同じ苦しみをなぜパレスチナ人に与えるのかと。

今回の決議に反対した米国のオバマ政権には大いに失望し、賛成票を投じた日本に私は少なからずの誇りを感じた。一日も早く、かの地に平和が訪れることを祈っている。

この本を執筆中の2023年秋にも、イスラエル軍によるガザ地区への攻撃で多くの人々が犠牲になっています（戦争の犠牲者はいつも子どもや女性、お年寄りです）。イスラエルは建国のいきさ

つから、当時この地域を植民地にしていたイギリスをはじめヨーロッパの国々との歴史的問題を抱えています。またイスラエル自身建国後も常に領土を広げるために理不尽な戦いをしてきたと思います。

私は、1969年ヨーロッパヒッチハイク旅の途上、オランダのユースホステルで日本語専攻のユダヤ系米国人女性から、「帰国時はぜひイスラエルにも」とお誘いを受けました。けれども、エジプトに入国歴があったため、第三次中東戦争の影響でイスラエルを訪問することができず、中東の複雑な事情を、身をもって学びました。（7年後京都で日本人と結婚した彼女にお目にかかる、という奇遇に恵まれるのですが！）

また、ワシントンDCに留学中の1973年10月、第四次中東戦争が勃発。世界中がいわゆる「オイルショック」に見舞われました。その際サウジアラビアの友人たちは「俺たちはアメリカにお世話になった。でも帰国したら軍隊に入り、ユダヤ人やアメリカ人を殺す。しかし日本は我々の味方だからオイルは送り続けるよ」と言われ、複雑な気持ちでした。

私は、歴史的に中東と友好関係を結んできた我が国としては、イスラエルと他の中東の国々（ガザ地区の人々も含む）の平和な関係の構築に努力すべきと思います。

今回の選択　愚考か賢明か　第42回目［2012年12月19日］

衆院選は自民党が単独で過半数を獲得し圧勝した。3年前とは全く異なる国民の判定だが、本当に国民が望んだ結果なのだろうか。

前々回の小泉旋風、前回の政権交代、そして今回の民主党の失策と経済再建。メディアに踊らされた選挙と言えなくもないが、主権は国民にあり、選挙権行使はあくまでも国民の義務と責任と権利である。

その結果が自民党への絶対的な再信任だ。安倍晋三氏が自民党総裁になった時点で株価が上がった。国民は「安倍さんならこの閉塞感《へいそく》から何とか抜け出せるのではないか」と期待したのではないか。原発も年金も消費税も少子高齢化も大事だが、それよりとにかく経済問題だ。景気を何とかして欲しいというのが国民の本音であったのだろう。

さて、今回の選択が愚考か賢明だったのかの判定はそれほど遠くない時期に判明する。その時、我々国民は後悔しないことを祈る。

2013年の出来事

1月	・「アベノミクス」の「三本の矢」①金融緩和②財政出動③成長戦略を好感した市場では年初より、円安・株高が進み、景気回復ムードが高まった ・アルジェリアの天然ガス施設をイスラム武装組織が襲撃。日本人10名死亡
3月	・日銀総裁に黒田東彦就任。4月には大規模な金融緩和を発表
6月	・米国家安全保障局（NSA）が秘密裏に個人情報を収集していたと、元職員のエドワード・スノーデン氏が暴露
7月	・参院選で自民党が65議席獲得し圧勝。衆参両院の「ねじれ」解消 ・環太平洋連携協定（TPP）12番目の国として合流
9月	・2020年夏季五輪、パラリンピック開催地を東京に決定
12月	・特定秘密保護法成立。全国で抗議デモ

● 「今年の漢字」は、オリンピック・パラリンピックが再度やってくるという「輪」

● 芥川賞　藤野可織『爪と目』、小山田浩子『穴』

● 直木賞　桜木紫乃『ホテルローヤル』、朝井まかて『恋歌』、姫野カオルコ『昭和の犬』

ミャンマーといい関係築いて　第43回目［2013年1月9日］

ミャンマーを訪問した麻生太郎副総理兼財務相・金融相はテインセイン大統領と会談し、政府の500億円の円借款に加え民間の投資拡大などを強力に支援、日本は官民協力し同国の経済発展を積極的にバックアップすることを約束した。

年頭早々、アウンサンスーチー氏の自宅軟禁からの解放などで民主化が急激に進むミャンマーに、首相経験者を派遣したことを評価したい。同国は豊かな資源と安価な労働資源があり欧州各国企業も急速に進出しているとのこと。日中関係がギクシャクしている現状では、多くの日本企業にとっても魅力的な国であり、いわゆる「ミャンマー詣で」が昨年初めごろから流行している。

政府も民間企業も言葉や文化の違いを掌握した上で、支援も進出も長期的な観点に立脚し、真にこの国の民主化と経済発展に寄与する、との覚悟でおねがいしたい。

アベノミクス期待する心情は　第44回目〔2013年4月7日〕

1日、ある自動車メーカーの下請けの中小企業2社の入社式に参加する機会がありました。規模も戦略も異なる二つの会社ですが、どちらの社長も「アベノミクスで株価も給与も上がったといわれるが、われわれにはまったく関係ない。むしろ原料や燃料が上がり、君たちに内定を出した時より厳しい状態だ」「上がったメーカーの株を売って新しい設備を買いたいが、そんなことをすればメーカーの調達部から直ちにクレームが来る。給与もメーカーさんは上げてもわれわれは当分上げられない、それでも入社した限りは頑張って欲しい」という趣旨の激励で式典は終わりました。

厳しい就職戦線を勝ち抜き、夢と希望を胸にして入社した新人たちですが、アベノミクスの第1の矢である「大胆な金融緩和」を日銀が打ち出したものの、状況は楽観できません。一方で、不幸にして職を得られなかった多くの学生も早期に就職できる日が来てほしいもの。アベノミクスの成功に期待せざるを得ないわが国の現状を憂えながら、会場を後にしました。

「分業」という気持ち育てたい　第45回目［2013年5月9日］

京都出身の私は名古屋と京都にお客様がいますが、何かと文化の違いを感じます。先日も京都商工会議所の会合で、ある大企業の会長さんと意気投合し二次会もご一緒しました。

その際「中部圏は大手自動車メーカーの下請け企業のお客様が多いので……」と話し出したところ、「齊藤さん『下請け』とはいけませんね。京都ではそのような発想ではダメですよ。あくまで『分業』です。例えば西陣織は20工程以上ありますが、1人の職人さんがいなくても成り立ちません。我が社でもお取引様も当社も分業としてお互いに誇りと敬意を持ち対等の立場で取引していますよ」と言われ目からウロコでした。

あの日から私は、すべての産業界が上下関係でなくお互いに「分業」で成り立っていることを理解し対等の立場で仕事ができるにはどうすべきか、毎日悩んでいます。

「声」欄を考える特集

読者が議論し交流する場だ　第46回目［2013年7月4日］

「声」欄に掲載された投稿が、住所と電話番号つきでブログなどに無断転載され、嫌がらせの電話や郵便物が届く被害が出ているらしい。

ある会社から社員教育の依頼があった時、そこの人事部長に「あなたは「声」欄に投稿していますね。そこで書いているような反権力的な発言はしないで下さい」と言われた。時代錯誤に驚き、当方からお断りした。

でもそういうことはまれだ。私のホームページから番号を調べたという電話では見知らぬ人から激励されたことがあれば、別の投稿では強烈な反論を頂いたこともあった。また学校図書の予算が少ない現状をある投稿で知り、声編集部を通じて続いている手紙のやりとりもある。

「声」欄はわれわれ読者が言論の自由を表現・論議でき、交流のきっかけともなる貴重な場だ。今後も実名で、厳然とした態度で投稿を続けたい。

国産ジェット機　基幹産業に　第47回目［2013年8月29日］

国産初の小型ジェット旅客機「ＭＲＪ（ミツビシ・リージョナル・ジェット）」が航空当局の承認を得るため部品仕様の変更で、また初号機納入が1年半延長となった。残念に思う。

日本の空が米国独占時代の１９６８年、私は戦後国産旅客機第1号のＹＳ11を初めて大阪─高知間で利用した。滑走の短さと上昇率の速さに爽快感を感じたのを今もはっきり覚えている。その後78年、仕事でギリシャに行ったときアテネからミコノス島への飛行機がＹＳ11で、驚きうれしくなり、機長に感想を聞くと「操縦しやすく優秀な飛行機だ。日本人はすごい」と言われ、自分が褒められたようで誇りに思ったものだ。

日本には自動車産業で育った高技術の企業が多くある。その産業が海外シフトしているのを直視すると、国産ジェット機の開発・販売に努力し航空産業を国家事業に位置づけ日本の基幹産業として育成すべきだ。

消費増税時の法人減税は必要か　第48回目【2013年9月26日】

安倍晋三首相は、来年4月から消費税率8％への引き上げを決断した。増税による景気の落ち込みを防ぐため、同時に法人減税を実施する方針だという。だが、その財源は担保されておらず、消費増税分から回される可能性がある。

そもそも、「高い法人税が国際競争力を阻害している」との経済界などの主張は、意図的に各国の法人税率を単純に比較しているだけではないのか。

法人税は、収入から費用を差し引いた差額の利益に課税される。「法人税が高いから必要な研究開発もできず韓国などに負けた」などと言うが、研究者の給与や研究開発費は費用に含まれ、収入から差し引かれる。

また、損金が出れば最高9年間も繰り越しできる。赤字だと法人税を支払う必要はなく、法人税を支払っている企業は3割前後にすぎない。減税しても7割近い企業については効果がなく、減税分が労働者の賃上げに回るとの主張は机上の空論にも思える。

消費増税を実行するなら、予定通り社会保障費財源として使い、合わせて弱者救済への手当てをすべきである。一部の黒字法人のさらなる支援となるなら、とても納得できない。

取締役にも権限の自覚が必要　第49回目［2013年11月10日］

記者有論「監査役が覚悟を持った時」（5日）が、多くの取締役に反省を促したであろうことを祈る。ジャスダック上場のトライアイズの元監査役古川孝宏氏が、会社と対峙《たいじ》した経緯を「監査役の覚悟」としてまとめ配布した内容にそって、監査役の権限強化を支持した記事である。

私は繊維会社などで18年間取締役を務めた経験から、多くの企業で取締役や取締役会が役目を果たしていないことを改めて指摘したい。監査役は社長の部下ではなく社長と同格であると記事でも触れているが、取締役も同様だ。

社長や会長などの代表取締役は取締役会で選任し、必要なら解任できる。また代表取締役の業務執行状況を監視する権限があると会社法で定められている。取締役がこの権限を「覚悟」をもって行使していれば、多くの不祥事は防げるのである。

私は監査役の権限強化に大いに賛成だが、同時に取締役についても、その権限と責務について、取締役自身が自覚を深めることが必要ではないかと考える。

沖縄県民に最悪のプレゼント　第50回目〔2013年12月28日〕

安倍首相は25日、沖縄県の仲井真弘多知事と会談、新たな在日米軍基地負担軽減策を説明した。仲井真知事は「驚くべき立派な内容」と評価し、米軍普天間飛行場（同県宜野湾市）の移設先となる同県名護市辺野古の埋め立て申請承認を27日に表明した。

しかし一方で、2021年度まで毎年3千億円台の沖縄振興予算を確保するとの政府方針も伝えられ、沖縄の人たちからは「札束で県民のほおをはるのか。どこまでバカにするのか」「仲井真知事は最後の砦《とりで》と思っていたのに、裏切りだ」など怒りの声が上がっている。普天間問題は1996年の日米両政府の返還合意から17年間も進展することなく、沖縄県民は時の政府へ不満を膨らませてきた。そこへ安倍首相の「懐柔策」だ。就任以来、独善的で強権的政権運営をしてきた安倍首相から沖縄県民には最悪のクリスマスプレゼントとなったことは間違いない。

2014年の出来事

1月	・理化学研究所の小保方晴子（割烹着で有名）STAP新型細胞を発表後捏造騒動へ
3月	・ウクライナで親EU派政権誕生に伴いロシアがクリミア半島に軍事介入し、併合
4月	・消費税率5％から8％へ引き上げ ・韓国珍島沖で旅客船「セウォル号」が沈没し乗客乗員304名死亡・行方不明
6月	・アルカイダ系過激派組織がイラクとシリアを中心とした「イスラム国」樹立宣言
7月	・集団的自衛権の行使容認を安倍政権が閣議決定
9月	・朝日新聞社が慰安婦問題「吉田証言」及び福島原発事故「吉田調書」を訂正・謝罪
12月	・ノーベル賞物理学賞、青色発光ダイオード（LED）開発で、赤崎勇（名城大）、天野浩（名古屋大）、中村修二（カルフォルニア大）の3人に授与される ・ノーベル平和賞、パキスタンのマララ・ユスフザイさん（17才）に

●「今年の漢字」は消費税の値上げや、税金で暮らす議員の「政治とカネ」問題の多発で「税」

●芥川賞　柴崎友香『春の庭』、小野正嗣『九年前の祈り』

●直木賞　黒川博行『破門』、西加奈子『サラバ！』

秘密法　言論の力で廃止せよ　第51回目〔2014年1月31日〕

甘利明経済再生相のパーティー券を電力各社が水面下で購入していたという（27日朝刊）。記事には「朝日新聞の調べ」と書いてあり、新聞独自の調査報道であることが分かる。私が懸念するのは、特定秘密保護法が成立した今、こうした「表現の自由」を実践するメディアや一般の人々への締め付けが強化されないか、ということである。

私は1970年代初め、米国ワシントンDCに留学した。ワシントン・ポスト紙が「ウォーターゲート事件」を追求していた。連日、議会前で集会とデモが繰り返された。私も参加し、普通の人々が次々と自由に演説をする様子を見て、「主権在民が実践されている」と感銘を受けた。

名古屋市での秘密法に反対する集会に出た。集会に参加するのは40年ぶりだ。安倍政権は表現の自由を制限しかねない秘密法を成立させた。言論の力で廃止させるべき時だと強く感じた。

ベースアップ　なお遠い現実　第52回目［2014年3月10日］

トヨタ、日産など自動車大手を中心に大企業で、6年ぶりにベースアップを決めるなどの動きが報道された。今春闘の相場形成にも影響しそうだ。

だが、この恩恵は正社員だけで派遣、季節工、契約社員らは対象外といってよい。同じ仕事をしていても待遇は大きく異なる。そしてまた、賃金の格差は広がる一方だ。

下請け企業は原料・燃料費高でとてもベースアップどころではない。私はある顧問先の社長が、全従業員を集め「メーカーさんは今年ベースアップをするらしいですが、ウチはとてもできません。私をはじめ役員報酬カットで賞与は何とかしますから……」と謝る姿に心を打たれた。目がうるんでいた社員もいた。そのような社長とその下で働く社員で、日本の産業は支えられているのだ。

何の運命か、正社員と非正社員、そして大企業と中小企業へ人生は分かれる。その偶然が人の一生を左右する切ない現実が悲しい。

あー、何とかならないものか。胸の痛みは消えない。

「仕事愛する心」が人を育てる　第53回目［2014年4月24日］

4月も半ばを過ぎ、新社会人となった若者もそろそろ失望感から精神的な問題を抱え悩んでいるのではと心配している。就活中は内定を取ることに集中し就職する会社とはどのようなもので、雇用契約で働くとはどのような義務と権利があるのか、いわゆる「会社人の常識」についてはほぼ知ることもなく、学校も教えていないだろう。

一方、企業側も「ヒト、モノ、カネ」の順序が入れ替わり、まずもうけ優先でヒトへの配慮は最後かまったくない。さらに環境も整えず欧米の成果主義を導入し、社員同士を仲間でなく競争相手に追い込んでいる現状も無視できない。新社会人は長期の就活で勝ち抜き、ようやくつかんだ会社人の現実に落胆し、自らの存在価値にすら自信が持てなくなるのである。

この現実の対処法は就活中、まず冷静に「会社人の常識」を学ぶことである。企業側も製造業・サービス業を問わず、日本企業の最大の強みであった「仕事を愛する」「会社を愛する」という人材育成が、結局は企業の繁栄を約束するということを再度見直す以外にはないと思うのだが。

原発事故 隠し事はもうやめよ　第54回目［2014年5月23日］

東京電力福島第一原発所長で事故対応の責任者だった吉田昌郎氏の「聴取結果書」（吉田調書）を独自入手した本紙によれば、第一原発の事故後、東電は徹底して情報を制御していたようだ。東電や国に求められるのは事故の後始末だけではない。誠実さや真実を正確に伝えること、その姿勢が責務であることが分かっていない。最も重要なはずなのに残念だ。

吉田氏が政府事故調査・検証委員会の調べに答えたその資料によると、東日本大震災4日後、第一原発にいた所員の9割が吉田氏の待機命令に違反し、第二原発へ撤退していたという。東電はこの命令違反を3年間以上も伏せていた。事故に対応すべき専門家が職場放棄し、その事実を隠していたのだ。

吉田調書は現場指揮者が真実を語る唯一の公式調書だ。それなのに原子力規制委員会の田中俊一委員長が、この調書を読んでいないことも腑《ふ》に落ちない。

原発関係者や政府は真実を明らかにすることが、国民の信頼を得る唯一の道であることを再確認して頂きたい。このままでは原発再稼働はとてもとても納得できるものではない。

福島県をはじめ東北地方の皆さんは、本当に苦労をされています。

本誌執筆計画中の2023年8月には、福島第一原発処理水の海洋放出が始まりました。

国際原子力機関（IAEA）の調査・分析の結果、科学的にも安全である、と保障したにもかかわらず、中国などが日本産の海洋物の輸入禁止を始めました。

日本のみならず地球全体の環境を考えると、やはり原発は廃止し、島国である我が国では、洋上発電をはじめ地熱発電や水力発電をもっと増やすべきであると思います。

米国人も魅力感じる平和憲法　第55回目［2014年7月8日］

安倍政権の集団的自衛権行使容認の閣議決定を米国政府が歓迎しているという。しかし、米国には憲法9条を積極的に評価する市民もおり、「歓迎」一色ではないことを、「非戦の未来　守れ」（2日朝刊）が伝えている。「経済気象台」（3日）の筆者も、湾岸戦争の時、ブッシュ（父）米大統領がパーティーの席で「なぜ日本はカネだけなのか」と質問する参会者に「日本は憲法で派兵はできないのだ」と答えたのを聞き、「米国の良心を垣間見た」と書いていた。

私もベトナム戦争中の1970年代初頭、留学先のワシントンDCで同様の経験をした。知り合いの米海軍中佐がいろいろなパーティーに連れて行ってくれたが、よく「なぜ日本は同盟国なのに、韓国のようにベトナムに派兵しないのか」と聞かれた。中佐は「日本は戦後できた憲法によって軍隊を持つことすら禁じている」と説明してくれた。「世界中がそんな憲法を持てば冷戦も終わる」と言う人もいて米国の懐の深さを感じた。

留学時代に知り合った米国人の妻は母国と比較し、「外国人を一人も殺していない戦後日本」を誇りに思い、今回の閣議決定に落胆している。我々が誇りとすべき憲法は守れるのだろうか。

首相に献金　語った勇気に敬服　第56回目［2014年8月4日］

関西電力が少なくとも18年にわたり時の首相7人に年間2千万円、政界全体では年間数億円を献金したことが報じられた。詳細を本紙で読み、日本の電力事業の将来を憂え、赤裸々に語った関電元副社長の内藤千百里氏に敬服した。

日米交渉などが典型的だが、政府や財界の中枢にいた人びとの行動や約束事が、日本では何十年経過しても公開されない。いつまでたっても歴史から学ぶことができない、という苛立《いらだ》ちを感じていたが、日本にも、指導的な地位にいた者が背負うべき、社会的責務を果たす人がいたことに新鮮な驚きと喜びを感じる。

内藤氏は、献金理由を「一に電力の安泰、二に国家の繁栄」と語った。電力会社の独占支配を守り、政府との癒着を強固にするための献金だった。電力会社は我々の電気代をつぎ込んで国家を動かしてきたのだ。内藤氏の勇気を無駄にしてはならない。我々も、電力会社や政治家に正義の鉄槌《てっつい》を下さなければならない。

世間ではいわゆる「経営者」として自分の評価や株価を上げるため法令に違反する行為を行い、バレそうになると隠蔽工作や部下に押し付ける輩が多いのが現実です。

これは内藤千百里氏が元副社長として、きちんと責任を果たした稀有な事例と言えるでしょう。

私の「声」には取締役をはじめ会社経営者に関するものが多く出てまいります。私自身が40歳で取締役に就任し、その後異なる中堅メーカー2社で22年間、いろいろな部署を管轄する取締役を務めてまいりました。

その際、若い頃専門学校で学んだ、①会社の取締役は雇用解約ではなく医師などと同様に委任契約である。②取締役に就任すれば「善管注意義務と忠実義務」を負う。そして③会社は社会の公器である。等々の知識が常に頭にあり、それに恥じない行動をしてきたと自負しています。ですから、それに反する行動を目にすると、つい怒りが出てしまうのです。

もし、この本を読んでくださっている「貴方」が会社の取締役であるか、取締役を目指しておられるなら、拙著の『会社を潰す経営者　会社を救う経営者』を御一読いただければ嬉しいです。

すみませんね、宣伝までしましまして……。

そして、内藤氏の行動を素直に学び、認め、天と自らに恥じない行動をお願いいたします。

便利な生活の裏側にあるものは　第57回目【2014年10月4日】

牛丼チェーン「すき家」が、約6割の店で深夜営業を休止した。「ワンオペ」と呼ばれる1人営業ではトイレも行けない、2週間も家に帰れないとの実態を受け、2人以上に増やすことにしたが担い手を確保できなかったためらしい。同じ日の社会面では、建設関連会社で働いていた男性（当時59）が不整脈で亡くなったのは、長時間労働も因果関係があると認めた名古屋地裁岡崎支部の判決を報じた記事もあった。

二つの記事を読み、需要があるから供給があり、自らの命すら犠牲にしても働かねばならない職場環境があるからこういうことが起こるのだと感じた。すき家の件について言えば、深夜営業の安価な食事に頼る人たちがそれなりにいるということだ。

我々ひとりひとりが、誰かを犠牲にして、安価で便利な生活を手にしているのではないかと身の回りの暮らしを総点検する必要があるのではないか。そうしなければ自らが、自分の子どもが、さらに孫が、命を削ってまで働く生活を余儀なくされる日が来るかもしれない。

「便利な生活の裏側には、必ずそれを支える人々が居る」という視点を忘れずに生活したいものです。

私は何か宅配便で注文する際は「時間指定なし」でお願いしています。また、配達時はいつも「ご苦労様、いつもありがとうございます」という言葉を忘れないようにしています。

道路工事などの現場には、暑い盛りでも「誘導員さん」がおられますが、これらの人々にも必ず「ご苦労さんです。あなた方がおられることで安全な工事ができますよね」と申しあげています。

「声」でも触れていますが、私や私の子どもたち、孫たちが彼らの一人であった可能性もあるのです。我々も一消費者として、心して行動することが求められていると思います。

こたつで家族の心温め合った　第58回目〔2014年11月27日〕

本紙別刷りbe「サザエさんをさがして」の「こたつ」(22日)を読み、心温まる思いがしました。

わが家では今でもこたつを使っています。特に週末は夫婦で何時間もこたつで過ごします。妻は翌週の英語教室の準備をし、私は仕事のリポートや本の原稿を書きます。お互いに一息つけば、声掛けしなくても足を通じての合図でコーヒータイム。そしてちょっと昼寝。至福の時です。

子どもたち2人が中学を卒業するまでテレビが無かったので、4人でこたつを囲み、口と足での会話をしていました。家族のコミュニケーションは十分できていたと思います。最近は、米国にいる娘の家族が来ると、孫たちがこたつの小さな暗いスペースが珍しいのか、中に入ったり周りで遊んだりしています。

核家族化やテレビの「一人一台」普及などで家族の会話も希薄になった昨今ですが、こたつが復活すれば少なくともそのぬくもりとお互いの足の温かさで心や魂まで温かくなり、貧しくてもほんわかした幸せを感じることができると思います。

人生を変えたヒッチハイクの旅

ヒッチハイクにでかけた前年の1968年に日本は「GNP世界第二位」なっていましたが、その頃欧州で一番貧しいと言われていたイタリアのシチリア島ですら、人々は余裕がある表情で、日本とは比較できないほど豊かさを感じました。またイギリス・北欧を含めヨーロッパ各地の文化の違い、ローマ、ギリシャ、エジプト、インド、タイなどで、古代の文化を実際に見て学ぶことができました。

一方、東西に分断されたベルリンでは、至る所に機関銃をもった兵隊がいて、緊張感あふれる経験もしました。西側の人間は数時間だけ東ベルリン訪問が可能だったので、私も厳しい検査を受けて入りましたが、検査室の周りでは東西に分かれた家族たちが泣いて抱き合い、別れを惜しんでいる悲惨な光景も目にしました。

さらに、イタリアのナポリで米軍の海軍中佐ご夫婦と知遇を得たのですが、この出会いが後日、ワシントンDCへの留学につながり、そして妻と出会い、結婚することになりました。「アホな行動」が私の人生を大きく変えることになったのでした。

なお、帰国のルートは航空券を活用し、各地で数日から1週間ほど滞在しながら、ギリシャからエジプト↓インド↓タイ↓香港↓台湾↓沖縄↓大阪と、各地の文化・生活の違いを堪能した旅でした。

第3章

2015年～2018年

voice

2015年の出来事

1月	・過激派組織「イスラム国」（IS）が湯川遥菜さんと後藤健二さんを人質にして日本政府に身代金を要求。その後殺害される
4月	・安倍首相、日本の首相として初めて米議会上下両院合同会議で演説
5月	・大阪都構想、大阪市民投票で却下。橋下徹市長が政界引退を表明
7月	・東芝の巨額不正会計が表面化。田中久雄社長はじめ16名の内8人の取締役辞任
8月	・安倍首相が戦後70年談話（安倍談話）発表。村山富市や小泉純一郎元首相の談話を引用して①植民地支配②侵略③痛切な反省④おわび　などを表明
10月	・環太平洋連携協定（TPP）が日本、米国、オーストラリア等12カ国で大筋合意 ・米軍普天間飛行場の辺野古移設計画で、翁長雄志知事の反対を押し切り政府着工
12月	・ノーベル医学生理学賞に大村智（北里大）、ノーベル物理学賞に梶田隆章（東大）

● 「今年の漢字」は世界中で発生したテロや人質事件。戦後70年等で平安を求め「安」

● 芥川賞　羽田圭介『スクラップ・アンド・ビルド』、又吉直樹『火花』、滝口悠生『死んでいない者』、本谷有希子『異類婚姻譚』

● 直木賞　東山彰良『流』、青山文平『つまをめとらば』

地味な活動認める民主党代表を　第59回目［2015年1月15日］

18日に代表選が投開票される民主党について、中野晃一・上智大教授が「地味に汗をかく人少ない」と言っています（11日朝刊）。地味な働きを評価して選挙で支える組織文化がない、というのは、残念ながら事実だと思います。

私は、数年前まである自動車メーカーの下請け会社の総務部長をしていました。選挙のたびに労働組合から民主党候補者のポスターを会社の塀に貼ることや、支援要請演説のため食堂の使用許可を求められ、「君たちも大変だなー」と言いつつ許可したものです。

選挙が始まると、毎日何人かの組合員が選挙事務所や街頭演説へ割り当てられます。会社側も、勤務ローテーションや生産日程の変更を余儀なくされました。でも、選挙期間中も選挙後も、候補者ご本人が会社の組合を訪問したことはありませんでした。

労働者の代表だと言って当選を重ねた人ですが、それを支えている下請けの労働者の現場すら訪問せず、何が分かるのでしょうか。

誰が今回代表になっても、選挙のたびに駆り出され運動し投票している人々が働く現場を自分の足で歩き、地に着いた政策を立案・実行して頂きたいと願います。

多様な文化受け入れる国に　第60回目〔2015年2月25日〕

日本の難民受け入れについての意見が8日と13日、「声」欄に掲載された。NGO代表だった私は、1994年から2001年まで、旧ユーゴスラビアの難民キャンプに年に2回ほど支援物資を届けていた。その際、「なぜ日本は我々を受け入れてくれないのか」と聞かれ、答えに困った。

私の妻は米国人で、子どもたちは学校で差別的な言葉をかけられ、いじめられたことがあった。それでも子どもたちには、人種や言葉、文化、何らかの障害があるなど、自らと異なる人々を決して差別してはならない、むしろ彼らから多様性を学ぶよう教えてきた。

日本にはいま多くの外国人観光客が来ている。お金を使ってくれる外国人はよく、日本社会に定住する難民は困るという考えは身勝手だと思う。

我々が難民を受け入れるということは、彼らの文化や言語、宗教観を学び、それによって日本社会が開かれた国になる好機だと考えたい。多くの難民を受け入れている国も自らの文化や風習を守りつつ、異なる文化を受け入れ多様性を育んでいる。

私の子どもたちは多様性を自然に身につけ成長し、仕事で世界を駆けめぐっている。

過労死防止策に実効性求める　第61回目［2015年4月11日］

厚生労働省は過労死を防ぐための対策をまとめた「過労死防止大綱」の骨子案を発表した。主なポイントの一つに「将来的に過労死ゼロをめざす」とある（7日朝刊）。「将来的」とは、当面は過労死者が出ることを容認しているのだろうか。過労死するという現実は「将来的にゼロ」なんて悠長なことを言っている時ではない。即刻、実効性のある防止策を実施すべきである。

一方、政府が国会に提出した労働基準法などの改正案では、年収1075万円以上で特定の職種には残業代を払わない「高度プロフェッショナル制度」が盛り込まれた。労働界はじめ反対意見があるが、私も大いに反対である。経営者は必ず拡張解釈し悪用する。働く時間の規制をなくすこの改正案では、過労死者が増えることにつながるのではないかと心配する。

いずれにしても企業のために労働者が犠牲にされがちだ。政府も企業も二度と過労死を出さない、との決意を表明してほしい。非正規雇用ばかりが増え、労働者はますます弱い立場に追いやられている現状を厚労省は直視すべきである。

爺ちゃんも子守に役立つよ　第62回目［2015年6月11日］

2カ月、妻と交代で娘家族が住む米国ニューヨークへ子守と家事手伝いに行きました。休暇ではなく、「仕事」と心得てです。

毎日8歳の孫娘を小学校に送り届け、その後ベビーカーを押して坂を下り上って35分、孫息子を託児所へ。夕方はその逆コース。2日目で筋肉痛になりました。食事の後片付けの後も、孫たちの相手で忍耐と寛容と辛抱の毎日。娘夫婦のケンカにも、我慢一筋で内政不干渉を貫きました。

しつけでは役立てることにも気が付きました。公園などで他の子との争いがあれば、譲ることの大切さや、譲ってくれた場合の「お礼」の言葉。家庭内でも何かしてもらったら感謝の気持ちを表すことを繰り返し教えました。

充実した「派遣」を終える時、全員涙で送ってくれました。私たちの今回の「仕事」の評価は孫たちが大きくなった時に判明するでしょう。

帰国し、その経験を話したら「爺《じい》が家事手伝いと子守！」と驚かれましたが、日本の爺たちも「そば打ち」より子育てと家事に真剣に挑戦するほうが日本の将来に役立つこと間違いないですよ。

「首相だから正しい」という前に　第63回目［2015年7月8日］

安倍晋三首相は、首相であることに強烈な自負を持っているようで「私は正しい。なぜなら首相だから――」と受け取られるような発言を国会で繰り返している（5日朝刊）。「選挙で多数の民意に支持された我こそが正しい」という思いがある。と指摘されていたが、国民は首相に白紙委任状を渡したわけではないと思う。

株式会社の場合、最高責任者の代表取締役は、株主総会で選ばれた取締役から互選される。代表取締役には強力な権限がある。一方で取締役は、代表取締役が独断で違法・不当な権限行使をしないよう監督する義務を負い、必要な措置を取らない時は取締役としての義務違反を問われる。だから場合によっては、代表取締役が解任されることだってある。

憲法は主権者である国民や権力の監視役であるマスコミへの十分な説明や情報開示をすることを前提に、その行政府の最高責任者たる権限を首相に委ねたのだと思う。首相がもし、独断で事を進めようとすれば、首相を選んだ国会に不信任を突きつけられることもありえよう。そうならぬように国民の声に真剣に耳を傾け、安保法制審議を進めて頂きたい。

「ピンポン外交」の精神忘れずに　第64回目［2015年8月8日］

「ピンポン外交　執念の立役者」（7月28日朝刊）を読み、当時の日本卓球協会会長、故後藤鉀二《こうじ》氏は今の日中関係をみて、草葉の陰で泣き、怒っておられると思いました。

私は1971年初め、米国に留学していました。当時、米国はベトナム戦争のただ中で、テレビニュースは、戦死者名簿を伝えることから始まる暗い時代でした。

そこに「ピンポン外交」という明るいニュース。中国と米国の卓球選手がともに世界卓球選手権に参加しました。その友好の舞台が日本であることを誇らしく思ったものです。

これを機に、ニクソン米大統領と日本の田中角栄首相の訪中、さらには日中、米中の国交正常化へと進みました。歴史が音を立てて回転するのを身をもって感じました。

ピンポン外交を実現させた後藤氏は「中国の皆さんには日本人が大変ご迷惑をかけた」と常々語っていたそうです。戦争への反省と平和への信念が時代を動かしたのです。

戦後70年の談話を出す安倍晋三首相には、過去の間違いを素直に認め、平和への礎を築いた先人たちの思いと行動につき、よく考えてほしいと思います。

王道にほど遠い安倍首相の再選　第65回目［2015年9月9日］

あーやはり自民党総裁選で、安倍晋三首相が無投票で再選されたか。それにしても今の自民党はふがいないではないか。

野田聖子前総務会長は「無投票は国民に対する欺瞞《ぎまん》であるし、傲慢《ごうまん》であるし、不誠実だ」と述べ、当選の可能性を度外視して立候補をめざした。また、野田氏は党本部に提出した公約で、安倍首相のキャッチフレーズ「この道しかない」に対抗して「この道も、あの道もある」と掲げた。

だが、全7派閥は早々と首相支持を表明していた。しかも、首相陣営によると、8日朝の安倍首相の出陣式に向け、野田氏以外のすべての党所属議員に招待状を送り、野田氏への牽制《けんせい》までした。これが時の首相陣営のすることか。王道にはほど遠い。狭隘《きょうあい》で小心で情けない限りである。

野田聖子さま。

立候補できなかったとはいえ、「理」はあなたにあります。自民党支持者ではない国民も、あなたの立候補と実のある総裁選を期待していたはずです。あなたの勇気に敬意を表し、今後のご活躍を心より期待します。

世界に通じる「人間力」磨いて　第66回目［2015年10月7日］

8月29日付掲載の「女子力」って何でしょうか？に対するコメントとしての「声」です。
4人の意見が掲載されましたが、私は唯一の男性でした。

「齊藤紀夫の声」

投稿者が自ら述べられているように、さりげない優しさを持つことで、もっとすてきな毎日が送れるような社会になります。

でも、それは「女子力」とか「男子力」ではなく、「人間力」です。人が人として持つべきもので、この力は民族や言葉の違いを超えて、世界中で通用します。できれば、多くの外国人と接したり、海外へも行ってみたりして人間力を磨いてください。人間力はいくら勉強しても、いい学校に行っても学べません。知識と教養とは違います。

13歳でこのような疑問を持ち、自らの回答を引き出して投稿したあなたに、私は感銘を受けました。どうか、周りに惑わされず、自分の考える道をしっかり歩んでください。そして、時々、「声」欄で現状を聞かせてください。あなたの将来に心から期待しています。

不正会計 取締役が防止せよ　第67回目［2015年11月15日］

東芝、旭化成建材など、経営統治が原因の不祥事が続いています。私は中堅メーカーで財務担当の取締役を18年間、務めました。取締役が企業運営で大切な役割を果たすという経験をしました。

取締役になった頃、社長の同族会社へ利益を図る不可解な会計処理に気付き、取締役会で説明を求めました。

社長は「君は知らなくともいい。気に入らないなら辞めろ」との回答。私は「財務担当の私が知らなくてもいい会計処理など存在しません。必要なら解任してください」と申し上げました。

2、3分、凍ったような沈黙が続きました。「わかった。君の言う通りだ」と言われ、問題を解決できました。

取締役が少し勇気を出すことで、トップの誤りをただせる場合があります。数分間で決断をくだした社長の度量も重要でした。

取締役は社長らの業務執行を監視・監督する義務を負います。その自覚の足りない取締役が多くいる会社があるとすれば、不祥事と無縁でいられるかどうか、疑問です。

日本企業にプロ意識望めぬ？　第68回目［2015年12月25日］

居酒屋でバイトをしていて、うっかりビールをお客様にかけてしまったが、クリーニング代を給与から差し引かれても仕方ないのでしょうか――。「働く人の法律相談」（21日夕刊）に、こんな相談が寄せられていた。これを読んで、どこまで日本企業は堕落していくのか、と心が寒くなった。

私は米国留学から帰国して1年ほど、レストランで接客英語を教える機会があった。その際強調したのは、コックさんが調理をするだけで料理は完成しない。ウェーターやウェートレスが「おいしく召し上がって下さい」と真心を込めテーブルまで運んで完成する、ということだ。

そして万一、お客様に何かこぼしてしまった場合は慌てず、「さすが○○」と言ってもらえる対応をすること。加えて、クリーニング代や出来上がった服を届ける経費を会社が負担するのは、バイトさんの分も含めて当然、と。粗相をしたことで、店の誇りを理解してもらい、逆にファンとなっていただけるように、とのプロ意識をもってもらうためです。

こんなことが望めないほど日本に余裕はなくなったのだろうか。

2016年の出来事

1月	・金融機関が日銀に預ける当座預金について「マイナス金利」政策をはじめて導入
2月	・電機大手のシャープが経営悪化で台湾の鴻海（ホンハイ）精密工業の傘下に
4月	・熊本地震（震度7）発生し、死者200名を超える　・三菱自動車がルノー傘下に
5月	・伊勢志摩サミット開催　・オバマ大統領が現職米国大統領として初めて広島を訪問
7月	・相模原市の知的障碍者施設を元職員が襲撃。19名死亡、26名が重軽傷を負う ・参院選で自民・公明両党が躍進。非改選議席を合わせると改憲勢力が3分の2を超えた ・天皇陛下が「生前退位」の意向を示される
8月	・オリンピック・リオデジャネイロ大会で日本は過去最高のメダル41個獲得
12月	・安倍首相が第二次世界大戦で日米開戦の舞台となった真珠湾（パールハーバー）をオバマ大統領とともに訪問 ・政府が「高速増殖原型炉もんじゅ」の廃炉を正式に決定

● 「今年の漢字」オリンピックで過去最高の金12個獲得した結果を祝い「金」

● 芥川賞　村田沙耶香『コンビニ人間』、山下澄人『しんせかい』

● 直木賞　萩原浩『海の見える理髪店』、恩田陸『蜜蜂と遠雷』

「家庭医さん」で健康一元管理　第69回目【2016年2月19日】

私の家族は当地に来た30年前から近くの内科・小児科のお医者さんを「家庭医さん」にして「一元管理」をお願いしています。会社での健康診断や他の医療機関で診療や検査を受けた場合も、必ずコピーを受け取り家庭医に提出します。

「書類は出せない」と言われる医者もおられますが、家庭医さんが電話で説明してくれて改めて出してもらうこともあります。

海外出張時も、医者にかかれば必ず過去の病歴を事前に伝え、どのような診療をしたのかをキッチリ書いてもらって帰国します。

薬も同様です。家庭医さんの処方箋以外で頂いた薬もすべて「お薬手帳」に記録し、どこで診療を受けても事前に提出し、重複しないようにしています。

お陰で30年間の健康状態の変化は一目瞭然で、体調を崩したときも、早期に適切な対応が可能です。最小限度の薬の量で回復も早いと思っています。

診療報酬改定で「かかりつけ医」普及を促すそうですが、健康管理も医療費削減も、患者側のちょっとした配慮で可能な面があるのではないでしょうか。

名古屋城　５００億円でも木造で　第70回目【2016年4月10日】

名古屋城を、現在の鉄筋鉄骨コンクリートの城のまま耐震改修するか、木造で復元するか――名古屋市は市民へ２万人規模のアンケートを行う。

河村たかし市長は木造復元を目指している。私も大いに賛成だ。市議会も市民も、最高で５０４億円という事業費の額にとらわれず、木造復元の意義を十分に吟味していただきたい。

外国から愛知県を訪れる方を、私は今は名古屋城ではなく、国宝の犬山城に案内し、日本の木造建築の素晴らしさを紹介している。

名古屋城を木造で復元すれば、高い技術の伝統を継承できる。土台造りから完成まで折々に市民に公開すれば、祖先の技術を目で見て肌で感じ、理解してもらう貴重な機会にもなる。

平城京跡に、朱雀門や木造の大極殿が復元されたとき、私はこうした見学会に計４回参加した。そして約１３００年前の技術の高さに感銘を受けた。

鉄筋鉄骨コンクリートの城の耐震改修ですませては、安価でも、文化財とはいえず誇りも持てまい。

2023年8月30日、名古屋城天守閣の復元をテーマにした名古屋市主催の市民討論会で、木造での復元が計画されている天守にエレベーター設置を求めた障碍者の男性に対し、他の参加者から「ずうずうしい」等の差別発言が相次ぎました。

討論会には河村市長はじめ複数の市の幹部がいたにもかかわらず、誰も発言を止めたり、注意をしたりしませんでした。その対応が市議会で批判され、市民からも非難や呆れる意見が多発しています。

私も本当に呆れて怒っています。何のための木造による再建なのか、市長も市の幹部も全く理解していないと思います。それとも「市民」には何らかの障碍を持つ人は含まれない、とでも思っているのでしょうか？市長や市の職員として、なにより人間として「失格」であると思います。

今日の技術をもってすれば、木造天守閣にエレベーターを設置し、障碍のある方もない方も楽しめる名古屋城を再建できるはずです。それでこその最新技術ではないですか？

昔から「尾張名古屋は城でもつ」と言われます。名古屋人をはじめ多くの日本人が誇りにできる名古屋城復元となるように、河村市長をはじめ名古屋市、それと復元プロジェクトを受託した竹中工務店には最大の努力をお願いいたします。

将来への投資は無利子でいい　第71回目〔2016年5月4日〕

2月17日付掲載の「奨学金」をめぐる投稿へのコメントとして掲載された四人のうちの一人。私の「声」です。

「奨学金は無利子にするべきだ」という意見に賛成します。

生まれた家の経済状態によっては、小さいころから将来に希望を見いだせず、努力しようとする気持ちさえ持てない人もいると思います。

経済的な理由で若者が希望や夢を捨て、親に金が無いから教育の機会を奪われるようでは、日本の将来は暗いと思います。教育は社会の将来への投資です。すべての花が咲くとは限りませんが、投資をしないと将来は開けません。

ただ、「国の財政が危機にひんしている今、給付型奨学金はとんでもない」「働きながら学ぶことも可能だ」とのご意見も理解できます。私も働きながら、資金をためて留学しました。

奨学金を無利子かつ長期返済型にすれば借りやすくなり、社会の納得も得やすいのではないでしょうか。

公私混同 企業ではあり得ない 第72回目［2016年6月10日］

舛添要一・東京都知事の政治資金の公私混同疑惑について調査報告書が明らかになった。結論は「一部不適切な支出があったが違法性はない」とのこと。

まったくバカにしている。「家族旅行」や「家族の飲食」「趣味の美術品収集」など舛添氏の人間性を疑う。「不適切」で済ませてよいのだろうか。

そのような支出が可能であったこと自体、長年財務担当取締役として企業経営に携わってきた者としては信じられない。

社長が家族旅行や趣味の費用を会社に請求しても、財務担当の私が承認しなかっただろう。それでも支出を要求されるようなことがあれば、社長への貸付金か臨時役員報酬として処理し、所得税の課税対象とする。私の会社はそう処理してきた。

社員が一生懸命働き稼いだ金を、経営者が無駄遣いしていては会社のモラルも士気も保てない。都政だって同じことだ。都民は選んだ責任と権利を自覚し、直ちに退任要求すべきだ。

政治家は血税で支えられている公僕であるという自覚と誇りを持って欲しい。

遺憾ながらこの「声」欄のタイトルとは異なり、企業においても公私混同はしばしば行われてニュースになります。しかし、その企業の経理・財務担当の誰か一人に、何が不正か否かを適正に判断する知識と不正を防ぐ勇気があれば、不正は防止できるのです。

私がワシントンDCの留学から帰国して勤めた最初の会社の社長は、公私の区別に非常に厳格な人でした。経理部門の責任者として、私はこの社長から多くを学びました。

後日、最初の取締役に就任した会社で、創業者一族の一人である専務がデタラメな経費を使っていることが判明した時は、役員報酬から差し引いて精算させました。

二番目の会社の取締役かつデトロイトの現地法人の責任者でもあった時、社長に「デトロイトやケンタッキー等の中西部だけではなく、私が留学していた外交と政治の中心であるワシントンDCや、世界一の消費都市ニューヨークなど、別のアメリカもぜひ」と東海岸の見学につれて行きました。社長は大いに満足されました。帰国後、私の分は個人負担とし、社長の分は「広い知識を得るための必要経費」として精算しました。

このことにより、社長は企業における公私分別の重要性を学ばれ「サイトウさんの配慮を無駄にしません」と、その後取締役会で報告。社内全体にもいい影響を与えました。このように誰かが勇気をもって適正に行動することで、組織は正常に働きます。

政治家の行動検証が今後の義務　第73回目【2016年7月12日】

参院選は、与党圧勝、改憲勢力が3分の2の議席を占める結果に終わった。今回から選挙権を得た18、19歳も、半数は比例区で自民・公明に投票したという調査結果の記事が出ていた。

若者も含め有権者は、改憲問題はさておき、現状の景気や雇用など経済問題への不安から「アベノミクス」に期待したのだろう。しかし、今日の格差問題や非正規雇用増加の原因は、小泉政権時代の「改革なくして成長なし」という政策にあるのではないか。高い人気と巧みなワンフレーズに踊らされたのだと思う。

安倍政権もアベノミクスの成果を叫んでいるが、その影の部分にも注意しなければならない。さらに、選挙中は封印した改憲への動きも加速するだろう。選挙権を行使した私たちは、自らが選んだ政治家が、何をして何をしないかをしっかり検証していく義務がある。

平和と戦争特集（下）

憲法9条を世界へ輸出しよう　第74回目［2016年8月16日］

ＮＧＯ代表として、１９９４年晩秋から２００１年春まで、旧ユーゴスラビアの難民キャンプにいる子どもたちへの救援物資を、年に2回、直接届けていました。

初訪問の際に「日本は平和維持のための軍隊を、なぜ紛争地に派遣しないのか」と何度も聞かれました。そこで、2回目以降の訪問では日本国憲法の英訳を持参し、戦争放棄と戦力の不保持を定めていることを説明しました。

昨日までの隣人同士が民族の違いなどで殺し合いをしていた国だけに、「素晴らしい憲法を持つ日本へ移住したい」といった反応が返ってきました。

人間の歴史、テロや紛争が多発する今日の世界を勘案すると、武力では何も解決できず、武力が武力を呼ぶことは明白ではないでしょうか。犠牲者はいつも、子どもをはじめ弱い立場の人々です。

日本は集団的自衛権の行使容認や憲法解釈の見直しより、憲法9条と同じ趣旨の決議が国連でなされるよう働きかけるべきです。

さらに全ての国連加盟国に、9条の趣旨を憲法に採り入れるよう呼びかけるのです。「何を非現実的な」と一笑に付すのではなく、ぜひ沈思黙考してみてください。

もんじゅ廃炉機に脱原発を　第75回目［2016年9月25日］

政府は高速増殖原型炉「もんじゅ」を事実上廃炉とする方針を固めた。約1兆円の国費をつぎ込みながら、20年以上ほとんど運転していなかった結末だ。

ただ、核燃料サイクルの推進と高速炉の研究は維持するという。原発の使用済み核燃料を再利用するのが核燃料サイクルだが、もんじゅの廃炉は、その一連の計画の頓挫を意味するのではないのか。

関係者、とりわけ科学者は、国民にどう説明するのだろうか。良心や責任感のかけらでも残っているなら、国民が納得できるデータと事実を公開すべきだ。このままでは稼働中の原発もとても信頼できない。

原発から出る高レベル放射性廃棄物は、安全になるには気が遠くなるほどの年月が必要だと言われる。だが、もんじゅの失敗で核燃料サイクル計画が頓挫した以上、超長期の管理が必要な廃棄物をこれ以上、増やし続けるべきではない。

もんじゅの廃炉は、日本から全ての原発をなくすことを真剣に検討する機会にすべきではないか。

ブラック企業を見抜く就活して　第76回目〔2016年10月24日〕

電通や関西電力で起きた過労死に、企業の人材育成にかかわる者として、非常に胸が痛みます。

現在、就活中の学生に知っていただきたい。残念なことに最近、ブラック企業が増え、社員の待遇を切り下げる悪知恵を経営者に授ける専門家までいます。一方で、「就職率100％」を目指し、ブラックの疑いがある企業でも学生を押し込もうとする学校もあります。

今やブラック企業を見抜くためには、学生も努力が必要です。例えば、労働局や弁護士会、NPOで、問題企業かどうかを調べられます。図書館の資料で業績推移や同業他社との比較もできます。

会社訪問時は社員の対応や社内の清掃状況、雰囲気などをよく観察しましょう。面接官が名乗らない、上から目線で話す、といった場合はダメです。質問にきちんと答えないような会社は、内定が出ても断るべきです。

いいことばかり聞かされて就職しても、パワハラやうつ病で、退職や不当解雇が待っています。人生をかけた就活ですから、慎重に研究しましょう。

バブル時代には、学生を海外旅行などに誘い他社を受験しないようにした企業もありました。その後は、自らの希望する企業に就職できないなど、若者が希望の持てない時代が続いています。2023年度の求人倍率が全国平均で1・3倍、ただし業種によっては2倍を超えるものもあるとか。そして「新卒で入社する人が3年以内に離職する割合が3割」というデータもあります。多くの人は派遣やパートなどの非正規労働者となり、厳しい生活に追いやられています。

有名な会社、大きな会社に入ればいい人生を保証されるわけではないことは、申すまでもありません。名もなき零細企業の中には「世界一の技術」を持っていて海外からの注文も多く、誇りを持って働ける企業もたくさんあります。

私のようにいろいろな会社を転々として、そのたびに新しい人生を拓いていくこともできます。

要は、自らがいつも、どんなことからでも「学ぶ」姿勢と、「自分が入社を希望している会社はどのような会社か」を研究することが必要です。

しかし悲しいことに、いつまでたっても「過労死」に追いやるブラック企業はなくなりません。

いじめは子どもの心を破壊する　第77回目［2016年11月28日］

いじめに関しては、親や社会が子どもに「いじめは犯罪」と徹底して教えることこそ必要です。私の妻は米国人で、娘は小さい頃から「アイノコ」といじめられました。小学4年生の時、同じ学校の子たちから万引きを強要され、娘だけ捕まりました。店に謝りに行った後、娘には「万引きは犯罪。いじめられた悔しさを忘れず、自分と異なる人をいじめたり差別したりしてはならない」と何回も言い聞かせました。

ＰＴＡの会合では「私の娘はいじめられています。いじめは子どもの心を破壊します。お子様にぜひこのことを教育するようお願いします」と述べました。その後、表立ったいじめはなくなりました。

娘は国連職員になり、アフリカを中心にエイズ問題解決のため活動中です。しかし41歳の今も、小中高校でいじめられた傷が心に残り、日本には帰国したくないと言います。親としては寂しいですが、命があるだけありがたいと自らを納得させています。

地震列島に高速炉も原発も不要　第78回目［2016年12月28日］

約1兆円対66万円。前者は、高速増殖原型炉もんじゅに22年間につぎ込まれた費用。後者は、主管する文部科学相が自主返納した給与・賞与額。この対比を思うと、国が国民に対し、政策失敗の責任をとったとは言えまい。

しかも、政府は高速炉開発は続けると決定した。とても納得できない。政府の関係者や関わった専門家と言われる人々は過去の失敗を謙虚に反省し、全ての情報を公開してほしい。また、歴代の文科相や文科省の責任ある地位にいた官僚も、責任の度合いに応じて過去の報酬を返金すべきだろう。

もんじゅで1995年に起きたナトリウム漏れ事故では、開発・運転していた当時の動力炉・核燃料開発事業団（動燃）が事故現場のビデオ映像を改ざんしていた。こんな有り様では、高速増殖炉は国の基盤となるエネルギー源にはなりえない。そもそも、米国、英国、ドイツはすでに実験炉から撤退している。技術的に難しく、経済的に引き合わないからだ。

地震列島の日本にはなおさら、高速増殖炉も原発も不要だ。原子力抜きの新しいエネルギー政策を政府は打ち出すべきだ。

2017年の出来事

1月	・排外的主義を掲げ当選した米国トランプ大統領が就任「米国第一主義」を宣言
2月	・クアランプールで北朝鮮の故金正日の長男正男が殺害される。正恩体制保持のためか
3月	・韓国で憲法裁判所によって朴槿恵大統領が罷免される。後任に文在寅政権発足
6月	・「天皇退位特例法」が成立。退位される日を2019年（平成31）4月末と決定 ・共謀罪の創設を含む改正組織的犯罪処罰法（テロ対策法）が成立
7月	・都議選で小池百合子都知事が党首の「都民ファーストの会」が過半数を超え躍進
8月	・安倍首相周辺で「森友学園への国有地格安売却」や「加計学園の獣医学部新設」問題発覚
9月	・北朝鮮、6回目の核実験を強行
10月	・衆院選で自民党が284議席を確保し大勝。第4次安倍内閣発足。民進党分裂し惨敗
12月	・神戸製鋼所、東レ、三菱マテリアル、日産の不祥事で「日本のモノづくり」崩壊

- 「今年の漢字」は北朝鮮の行動に脅威と不安を感じた年であったと「北」
- 芥川賞　沼田真佑『影裏』、石井遊佳『百年泥』、若竹千佐子『おらおらでひとりいぐも』
- 直木賞　佐藤正午『月の満ち欠け』、門井慶喜『銀河鉄道の父』

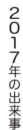

トランプ大統領就任式の現場で　第79回目【2017年1月22日】

トランプ新大統領の就任式を見るため、米国のワシントンDCに来ています。

トランプ氏は就任式で「米国第一」「米国での消費財は米国で生産する」「米国人の生命も国境も守る」などと演説しました。大統領としてはあまりにも威厳に欠けると感じました。

トランプ支持派の感情は鼓舞したかもしれません。しかし、全国民の魂まで奮い立たせたとは思えません。周りも拍手する人は少数でした。「彼が我々の大統領で本当にいいのだろうか。我々は正しい選択をしたのだろうか」と言う人もいました。

就任式後、ホワイトハウス近くの「反トランプデモ」も見ました。参加者に「いまさら遅いのではないですか」と聞いてみました。返ってきた答えは「彼のように不満をあおるだけでは米国は変わらない。節度・良識・品格を持った国であると我々が世界に知らせなければならない」。

この言葉に米国民の良識を感じながらも、トランプ支持派との分断の深刻さも感じた一日でした。

労働者の生命守らず何が労組か　第80回目［2017年2月28日］

24日付朝刊の労働組合に関する二つの相反する記事を読み、労組の存在意義を改めて考えさせられた。

一つは、宅配便最大手ヤマト運輸の労組が春闘で、荷物取扱量の抑制を要求し、経営側も協議に応じるというものだ。ネット通販の急成長で、ドライバーが長時間労働を強いられている現状を鑑みたものだ。

収益減になっても、労働環境を重視するヤマト労使の行動を私は全面的に支持する。消費者も、翌日配送などわずかな利便性の陰に、それを支えるため過酷な労働を強いられる人々がいることを再認識すべきだろう。

もう一つは、政府の会議で、「特に忙しい時期の残業時間の上限」を「月100時間」とする政府案について、連合が容認を検討しているとの記事だ。これにはあきれた。電通の女性新入社員が月100時間超の残業の末、過労自殺したことを、連合はどう受け止めているのか。

連合は、多くの国民が脱原発を支持する状況にも反し、民進党の「2030年原発ゼロ」政策に激しく反対している。国民や労働者の生命、健康を守らずして、何が労働組合か。労組のナショナルセンターとして失格と言わざるを得ない。

本当に「お客さまは神様」ならば　第81回目［2017年4月13日］

中国人の顧客に「日本には『お客様は神様』との言葉がありますね。私は神様ですからこの問題を即解決してください」と言われたことがあります。

私が「日本の神様はあなたのようなむちゃは要求しません。だから神様なのです」と反論すると「なるほど」と答えられ、当方の思惑通り解決しました。

荷物の急増とサービス競争をめぐる宅配便大手の問題を考えるとき、この反論を恥ずかしく感じます。ここ十数年、日本の消費者は「少しでも早く、少しでも安く」と「神様」のように当然に要求し、それに応える企業が「いい企業だ」との風潮をつくり上げてきたからです。

その陰で、食事をする時間も取れない、サービス残業や違法残業をしなければ希望時刻に配達できない、できなければ会社にクレームの電話を入れられる、という人々が増えました。

共稼ぎが当たり前になった現在、たとえば配達時間の指定には仕方のない面もあります。ただそのことが、誰かに大きな負担を強要している可能性を考えて、「便利」「安い」を「神様」の立場で再検証すべきではないでしょうか。

いっそ笑顔で名前を聞いては　第82回目［2017年7月12日］

6月14日付掲載の「声」の「なぜ面接官は名乗らないの？」に対するコメントとしての「声」です。

面接は「お見合い」にたとえられます。一方の当事者の面接官は当然、氏名や役職名を名乗るべきです。私がいま相談を受ける企業には、採用面接について次のようにお話ししています。「今回は縁がなくても、将来は当社の非常に大切なお客様になるかもしれません。一期一会、余情残心で接してください」

不採用の場合に連絡をくれないようなところは、いくら有名でも給与が良くても、人を人と考えていない会社です。入社しても後悔するでしょう。

そこで提案です。面接の最後に「失礼ですがお名前を頂けますか？」「○○様、本日は貴重なお時間をありがとうございました。もしご縁がなくてもこれでご連絡ください」と笑顔で自分宛てのはがきを手渡す。学生から企業を教育する、30秒と62円の投資です。そのセンスを認めてくれる会社もきっとあります。

民進は「正念場」との自覚持って　第83回目［2017年8月30日］

民進党は誰のために何をして何をしない政党なのか。代表選に直接参加できない多くの国民が真剣に見守っていることを忘れず、民進党は大きく脱皮してほしい。

前原誠司元外相と枝野幸男元官房長官の一騎打ちでは新鮮味がない、という冷めた声も党内外にありますが、政権を担った経験者が、成功も失敗も含めた総括をまずするのは必要なことでしょう。

意見の食い違いは鮮明なようですが、しっかりと政権に注文が出来る政党を国民が切望していることは忘れて欲しくありません。特に、多くの国民が不安を感じている原発の再稼働問題や、日本が戦争に巻き込まれることが懸念される安全保障問題では毅然《きぜん》とした対応を願っていると思います。

一時しのぎの公約ではなく、今後、国家百年の計で政策を議論していただきたい。前原氏は、党の存続を絶対視しない考えを示したそうですが、小池百合子都知事を中心とした新党結成の流れに乗るような、「風」に頼った政界再編に期待するのではなく、自分の政策をしっかり持つことこそが大事です。今回の代表選は、国民の信頼をつなぎとめる、民進党としてきっと最後の機会なのです。

若者は内向き志向でいいのか　第84回目〔2017年10月15日〕

日本人の海外留学者数が減少傾向にあるなど、「若者の内向き志向」が言われます。愛知県でも、地元の空港の運営会社が若者に、もっと海外旅行をと呼びかけているようです。

私は知り合いのお子様たちの進路や就職活動の相談を受けることが多いのですが、親からはまず「職種はいいですから、トヨタや中部電力など、地元の安定した会社を」といわれます。海外留学は論外とのこと。子どもの方も、男子は親と同じ考えが多いようです。

一方、私がこれまで海外留学のお世話をした5人は全員女子でした。このうち何人かは現地で会社に就職し、結婚した人もいます。彼女たちは、「世界を日本を、違う角度で見ることができて面白いですね」。

私は1970年代の初めに米ワシントンDCに留学しましたが、英語を覚えるだけではなく、多くの外国人留学生から異文化を学びました。今も彼らと交流があり、お陰で豊かな人生を過ごせています。

若者よ大志を抱き、世界を見よ！

副業認めて日本は良くなるのか　第85回目［2017年11月29日］

厚生労働省は、会社員が副業や兼業をしやすくするため、企業の参考として示している「モデル就業規則」を見直す方針という。政府や官僚は何を考えているのかと言いたい。

そもそも労働者が兼業や副業を希望するのは、非正規労働者が雇用者の4割近くを占め、複数掛け持ちで働かなければ生きてはいけず、結婚もできない、子どもなんて夢、という人が増えているからでしょう。

20年ほど前から「多様な働き方」や「選択できる人生」などの名のもと、規制緩和がなされてきましたが、労働者への犠牲の強制化でしかなかったように思います。「健康保険も労災も加入していないから安いです」と言う派遣業者の売り込みも経験しました。裁量労働制やフレックスタイム導入による残業代カットもありました。さらに副業となれば、過労死が起きた場合、どちらの会社に労災の責任が生じるのですか。

労働者は自分の仕事や会社に愛情や忠誠心を感じてこそ人生の満足感も得るのです。それが日本を発展させてきました。人を人と思わない法改正や経営では、明日の日本はありません。

2018年の出来事

2月	・第23回冬季五輪平昌大会で金4、銀5、銅4と合計13個のメダルを獲得。最多記録更新
3月	・森友学園問題で、財務省職員赤城俊夫氏自殺
4月	・防衛相が「存在しない」といっていた自衛隊のイラク派遣部隊の日報が見つかる ・板門店で、韓国の文在寅大統領と北朝鮮の金正恩朝鮮労働党委員長の初会談
6月	・シンガポールで、トランプ米大統領と北朝鮮の金正恩朝鮮労働党委員長の初会談
7月	・法務省がオウム真理教の元代表松本智津夫（麻原彰晃）と元幹部12人の死刑執行 ・6月から9月にかけ大阪北部地震、西日本豪雨、災害級の猛暑により多くの犠牲者
10月	・韓国最高裁が、第二次大戦中の元徴用工の損害賠償請求訴訟で賠償を命ずる判決
11月	・日産自動車のカルロス・ゴーン会長を有価証券報告書の虚偽記載容疑で逮捕 ・安倍首相、シンガポールでプーチン大統領と会談。歯舞・色丹2島先行返還へ

● 「今年の漢字」全国的に災害が発生し多くの犠牲者がでたことから「災」

● 芥川賞　高橋弘希『送り火』、上田岳弘『ニムロッド』、町屋良平『1R1分34秒』

● 直木賞　島本理生『ファーストラヴ』、真藤順丈『宝島』

Dear Girls特集

傷つけた側も#MeTooを　第86回目［2018年3月8日］

セクハラや性的暴行、差別を受けた人々が、自らの経験を公表することで、さらなる被害が増えるのを防止する運動が、世界中に広がっています。

30年以上前のことです。会議で「子どもを産みたいので退職します」と発言した女性スタッフに、私は「女性は子どもを産んで一人前だよ。3年ほどしたら戻ってきてよ」とお願いしました。すると別の女性が直ちに「では私は半人前ですね。子どもはいませんし産めませんから」と発言しました。その人を大きく傷つけたことを知り、会議後、別室で謝りました。

それ以降、結婚式に招かれても子どものことには触れません。娘が結婚して5年間子どもを産まなくても何も申しませんでした。一昨年結婚した息子はまだ兆候もないようですが、こちらからは話題にもしません。

人にはいろいろな事情があり、いろいろな人生があります。私のように、知らぬ間に傷つけていることもあります。意識的に傷つける人もいるかもしれません。反省したなら、その経験と対策を公表する「#MeToo」があってもいいのでは。例えば「#SoDoI」とか？　皆さんいかがでしょう。

この「声」は特集で、合計6人の意見が掲載されました。その中で唯一の男性が私で、しかも当時72才！「たくさんの反響があったよ！」と、後日ご担当の方からお電話いただきました。「おかみさん」とともに喜び「乾杯！」したことを覚えています。

しかしながら言うまでもないことですが、男と女がいて子どもができて、人類は子孫を残すことができます。男女どちらか一方では人類は滅ぶしかありません。ただし、LGBTQ、いわゆる性的少数者の人々を決して差別するものではありませんのでご理解ください。

私を支えてくれた4人の女性　第87回目［2018年7月26日］

このお盆に生母の13回忌と養母の50周忌を予定しています。2人の母ら4人の女性がいなければ、今日の私はありませんでした。

「貧乏は恥ではない、心の貧しいことを恥と思え！」。赤貧の母子家庭の我が家で、絵の具が買えず文句を言ったとき、目をつり上げて母が怒った言葉です。

15歳で養子に迎えてくれた伯母も女傑でした。大正時代に結婚し、「これは奴隷だ」と婚家を3日で逃げ出して村長の家に駆け込み「医者にして下さい」と懇願。家政婦として働きながら勉強し助産婦になったそうです。「人間は志と努力が大切」が口癖でした。

次は三つ下の妹です。養母が亡くなり、働きながら1人住まいになった21歳の私の元に、郷里の奈良から家事の手伝いに来てくれました。私が欧州ヒッチハイクへ、帰国1年で今度は米国留学へと飛び回る間、奈良と私が住む京都を往復して支えてくれました。

最後は妻。米国人で日本語も日本文化も知らなかったのに、結婚して我がまま勝手な私を支えてくれて45年になります。毎日寝る前、4人に手を合わせています。

私は生まれながら、女性への差別感は無い、と思っています。
母は私が生まれた田舎の集落で、同じ年頃の女性の中ではただ一人の「女学校出」で、ピアノも弾ける女性でした。（戦前は台湾の嘉義市という町で、砂糖工場を経営する両親のもとで育ちました。）

にもかかわらず、貧乏しながら私と妹を育ててくれました。強い女性でした。

養母は「声」にもあるとおり、一度村の親戚に嫁入りしたのですが、「奴隷だ！」と飛び出し、苦労して助産婦となって多くの子どもをとり上げてきました。（残念ながら自分は子どもに恵まれず、私を養子に迎えてくれたのです。）

そんな環境のためか、私は女性に対してこの年頃の男性としては、「非常に公平に女性に接し、見てきた」と思います。

そのことに感謝しています。そのことがまた、人生を豊かにしてくれました。

通年採用で多様な人材発掘を　第88回目［2018年12月12日］

「就活ルール、私も言いたい（下）」に対する　私の「声」です。

他国では例を見ない新卒一括採用をやめて、通年採用に移行していくべきだと考えます。現在主流の一括採用では、「本当に必要な人材」か「伸びそうな人材」かを見抜くことよりも、いわゆる「いい大学」など企業にとって「何となく安心な基準」で選択されがちです。

私は長年採用を担当してきましたが、業績を伸ばしたり、新規開発をしたり、会社の危機を救ったりしたのは、他社では「落ちこぼれ」だった中途入社組や、有名ではない学校卒の社員たちでした。

過去の失敗はマイナスではありません。むしろ竹の節のような強みなのです。現在の一括採用は、「一発勝負」でうまくいかなかった人や中途退社した人の「再挑戦の機会」を奪っています。機会を与えることは、その人にとってはもちろん、企業、ひいては社会全体にも大きな利益になると思います。

あなたはどう思いますか？

「声」欄でもたびたびヨーロッパヒッチハイクや米国留学のことが出てきますが、私がそうであったように、海外へ旅行や留学に出るのは一度社会人となってからのほうが実り多いと思います。

日本で「学校生活とは異なる経験」をしていますから、外国へ出た時もその国の言葉だけではなく歴史をはじめ文化や風習などを異なる視点で見ることができ、より深く、広く学べると思います。

海外では、議論の場で必ず「あなたはどう思いますか？」と聞かれます。議論に上がっている話題に対しての「賛否」は重要ではなくて、「自分としてはどう思うか？」を伝え「なぜそのように思うのか？」を明確に言えることが重要なのです。

私がワシントンＤＣに留学したのは、ベトナム戦争真っ最中。毎日「反戦デモ」が至る所で行われていました。また72年には「ウォーターゲート事件」が発生しました。クラスで「君はどう思うか？それはなぜか？」そして「君が米国人ならどう行動するのか？」等々をよく尋ねられました。

私はそれに対して明確に自らの意見を述べ、その裏付けを説明してきました。

一部の独裁国家を除き、自由民主主義の国家では、どのような意見の表明も憲法で保障されています。更に申せば、「日本の歴史や文化」をしっかり説明できるよう、勉強しておいてください。

第 4 章

2019年～2023年

voice

2019年の出来事

1月	・韓国裁判所が「徴用工問題」で日本企業の資産を差し押さえ。日韓関係悪化へ
5月	・4月30日平成天皇が退位、5月1日徳仁親王殿下が第126代天皇に即位し「令和」に
6月	・香港政府が中国への容疑者引き渡しを可能とする条例提出に反対し、大規模なデモ
7月	・京都アニメーション放火で36人死亡、32人負傷
8月	・ゴルフ全英女子オープンで渋野日向子が初優勝。海外メジャー優勝は42年ぶり
9月	・アジア初となるラグビー・ワールドカップ日本大会開催。日本は初の8強入り ・スエーデンの環境活動家グレタ・トゥンベリさん(16才)国連本部で演説
10月	・那覇市首里城から出火し正殿など消失 ・東日本台風や大雨で大被害 ・消費税10%開始 ・ノーベル化学賞にリチウムイオン電池開発の吉野彰(旭化成名誉フェロー)ら3人

●「今年の漢字」新しい年号決定によって「令」

●芥川賞　今村夏子『むらさきのスカートの女』、古川真人『背高泡立草』

●直木賞　大島真寿美『渦　妹背山婦女庭訓魂結び』、川越宗一『熱源』

外国人政策 当事者も国政担って　第89回目［2019年9月26日］

外国人の受け入れを考える記事を読みました。世界の事例を知るにつれ、外国人労働者や移民に対する日本社会の「異質性」を再確認しました。

四方を海で囲まれた日本は、長く独自の文化や生活様式を育んできました。でもその間も、外国から漢字や仏教など多くの文化を受け入れてきた実績があります。だったら外国人も「足りない労働力を埋める」存在ではなく、他国のように自分たちの仲間、隣人として受け入れることができるはずです。少子高齢化に直面する日本は、外国人労働者や移民を受け入れなくては将来はありません。

そのために私は一つ提案したい。日本国籍をもつ外国にルーツのある皆さん、ぜひ国政選挙に出てください。自らが国会に出て、当事者として、外国人受け入れ施策を担う原動力となってください。政党も団体も、日本の未来のために彼らを支援してください。私と友人たち、思いを同じくする人たちも、きっと皆さんに一票を投じるでしょう。

2020年の出来事

1月	・英国が欧州連合（EU）から離脱
3月	・世界保健機関（WHO）が新型コロナウイルスについて「パンデミック」を宣言 ・東京五輪・パラリンピックがコロナ禍で1年延期決定
4月	・政府が新型コロナウイルス感染拡大を受けて緊急事態宣言を発令。マスク等不足 ・高校野球の春・夏大会が中止に
5月	・米ミノソタ州で黒人ジョージ・フロイドさんが白人警察官に首を押さえられ死亡
7月	・九州を中心に豪雨が発生。死者79人
8月	・安倍首相辞任。在職日数7年8カ月（2822日）歴代第一位。「森友・加計学園」、「桜を見る会」など疑惑が解決されないまま。後任は菅義偉氏
9月	・米連邦最高裁判事でリベラル派代表のルース・ベイダー・ギンズバーグ氏が死去
11月	・米大統領選は再選を目指したトランプ氏が民主党のジョー・バイデン氏に敗れる

● 「今年の漢字」コロナ禍で密を避ける呼びかけに孤独な人が増え「密」
● 芥川賞　高山羽根子『首里の馬』、遠野遥『破局』、宇佐美りん『推し、燃ゆ』
● 直木賞　馳星周『少年と犬』、西條奈加『心淋し川』

責任を追及 今こそ行動しよう　第90回目［2020年1月30日］

加計学園の獣医学部新設が認可された1月20日を「忘れない」とする社説余滴（19日）を読み、行動する時だと確信しました。

米国のトランプ政権を見ていても、民主主義が完璧ではないことがわかります。しかし1970年代の初め、ワシントンDCに留学した私は民主主義の心髄を学びました。時はベトナム戦争の真っ最中。反戦デモの毎日のなか「ウォーターゲート事件」が起きました。学友たちが出身州の上・下院議員事務所宛てに、質問状や反対意見の手紙を直接出すのを見て驚き、回答が来たことには更に驚きました。

その後米国人の妻と結婚。日本に帰国した76年の上院選で、ニューヨーク州に選挙権がある妻は、候補者宛てに自らの意見と候補者の回答を求める手紙を出し、回答に基づき投票しました。今も継続しています。

安倍政権の森友・加計学園問題、桜を見る会問題などは、国民をバカにしているし、追及しきれない野党も同罪です。でも、すべては国民の責任に帰するものです。皆さん、直接手紙やメールで訴えることをはじめませんか。今なら間に合います！

ギンズバーグさんの闘いに思う　第91回目［2020年10月2日］

米国連邦最高裁で最高齢判事のルース・ベイダー・ギンズバーグさんが亡くなられました。判事が1970年代から性差別問題に立ち向かい、静かに粘り強く闘い勝利してきた人生を、ドキュメンタリー映画「RBG　最強の85才」や映画「ビリーブ　未来への大逆転」で学びました。翻って我が国の現状を見ますと、男女平等にはまだまだ遠い状況です。

まず最高裁判事15人中、女性はわずか2人。政府目標は「指導的地位における女性の割合を30％程度にする」、と勇ましいですが、衆院議員や企業管理職に占める割合は1割ほど。菅内閣は閣僚21人中、女性はたった2人です。企業内でもマスコミを含め経営陣に女性は本当に少ない。

これまでの社会において、私たち男性の責任も大きい。我々が反省して女性の活躍を支援すべきではありませんか。

育児との両立体制 企業の強みに　第92回目［2020年12月27日］

「夫が家庭を優先できる社会に」「堂々と子育てできる職場環境を」（いずれも18日）を読んで、このままでは我が国の将来は無い！と危機感を覚えました。どちらのご意見も、仕事しながら子育てをすることに対する無理解などの失望感であふれ、本当にまずいと思いました。

私は1974年に結婚し、京都に住みました。米国人の妻は日本語も風習も分からなかったので、家事も育児も協力してやりました。2人の子どもが生まれて幼稚園を終えるまでは、よく会社を休みました。ただ職場では、当時最先端のコンピューターを導入して合理化が進んだ時期と重なり、人件費やコストが抑えられ、工場の生産性が伸びました。公私ともに仲間に助けられました。

その後、役員として自動車産業に転職した時は女性管理職の数を増やしたり、91年の育児休業法成立後に出産休暇や育児休暇の取得を就業規則に盛り込んだりしました。女性が発案した新製品開発や、中国での新市場拡大につながりました。

夫婦ともに育児休暇を容易に取れる企業でないと、競争には勝てません。子育てと仕事を両立できる社会の実現を望みます。

最初の子どもである娘が生まれた時、妻はほとんど日本語ができませんでした。そこで、その頃は稀有なことでしたが、出産時に医師の許可を得て立ち会いました。妻の手を握り陣痛で苦しむ妻を励ましていましたが、分娩時の大量の血を見て卒倒しそうになり、今度は私が妻に励まされました。でも赤ちゃんの第一声を聞いた時、「妻との愛の結晶である新しい生命が生まれたのだ!」と泣けてきました。今もあの感動を覚えています。二人目の息子の時も全く同じ感動でした。

当然ながら、おしめの交換や風呂入れ等も妻と共同で。健康診断なども私が連れて行っていましたので、二人の母子手帳の記述はすべて私が書いたものです。小学校が始まりましたら参観日には私が進んで出かけていました。若いお母さんたちからは「変な目」で見られましたが。

仕事場でも私の経験に基づき、男性も育児にかかわる重要性と喜びを話し、実行されることを推奨してきました。その結果、多くの同僚・後輩から感謝の言葉をいただきました。

仕事の面では1975年にIBMのコンピューターを導入。経理業務や給与計算をはじめすべての業務を合理化して「残業無しで、給与が上がる」を徹底してきました。また妻との結婚時「一人娘を貰うのだから年に1回は帰国させます」と約束していましたので、有給休暇を利用しほぼ毎年ニューヨークへ行っていました。取締役に就任後は、全社的に有給休暇100%取得を進めてきました。

これらのことがいつも明るく前向きの職場をつくり、社業の発展に寄与したのだ！と自信を持って申せます。

2021年の出来事

1月	・ジョー・バイデン氏第46代米国大統領就任。副大統領に女性・黒人初のカマラ・ハリス氏
2月	・新型コロナウイルスのワクチン接種開始 ・ミャンマー国軍がアウン・サン・スー・チー氏らを拘束し、クーデターを強行
4月	・新型コロナウイルス感染拡大で緊急事態宣言を発令。高校野球の春・夏大会中止 ・7月から9月にかけて東京五輪・パラリンピック開催。原則無観客の異例の大会。日本勢は最多の58個（金27個）のメダル獲得。森大会会長のセクハラ発言も
9月	・菅義偉首相、自民党総裁選に出馬せず1年で退陣。後任は岸田文雄氏
10月	・衆院選で自民党が絶対多数の261議席の大勝。立憲民主党は110から96議席に ・秋篠宮の長女眞子さまが小室圭さんと結婚し、民間人に
11月	・米リーグ今季最優秀選手（MVP）、投打「二刀流」のエンゼルスの大谷翔平に

- 「今年の漢字」東京オリンミック・パラリンピックで日本は多くの金メダル獲得で「金」
- 芥川賞　石沢麻依『貝に続く場所にて』、李琴峰『彼岸花が咲く島』、砂川文次『ブラックボックス』
- 直木賞　佐藤究『テスカトリポカ』、澤田瞳子『星落ちて、なお』、今村翔吾『塞王の楯（たて）』、米澤穂信『黒牢城』

肩書のない個人名刺 世界広がる　第93回目【2021年4月23日】

本欄で名刺に関する投稿を度々目にします。私は1969年、仕事を辞めてヨーロッパへヒッチハイクに出た際、初めて個人の名刺を作り、現地でお世話になった人に「日本へ来られたら、ぜひ」とお礼とともに渡していました。

著名人の講演会、各種の勉強会などでも、仕事の名刺より個人の名刺を配布していました。そのようにして知り合った人たちとは長いお付き合いができ、今年の年賀状も半数近くはそのような人たちからです。友人や知り合いにも個人の名刺をすすめています。

私は何の肩書もつけていませんが、肩書にもいろいろあります。たとえば、「書道勉強中」とつけて自らの筆で氏名を書いている人、「経営学学徒」や「俳人予備軍」、珍しいところでは「バツイチ卒論挑戦中」なんてのも？

たとえば私の名刺は、日英両文で表記され、そこに家紋が入っています。外国人にも渡すことができ、話が弾みます。世界でただ一つのユニークな名刺で、新しい世界を広げましょう。

差別や偏見のない社会へ努力　第94回目［2021年11月18日］

昨年9月、ニューヨークの駅でアジア人というだけで暴力をふるわれ重傷を負ったジャズピアニストの海野雅威さんがステージに戻ってきた（4日夕刊）。

私が米国に留学した50年前、キャンパス内でアフリカ系アメリカ人たちからすれ違い時に大声で「ジャップ」と言われたことがある。我慢できず「何世紀も色が黒いというだけで差別されてきたのに、今度は君たちが我々アジア人を差別するのか！　恥を知れ！」と怒鳴り、その場の空気が凍った。30秒ぐらいにらみ合うと、1人が「君の言う通りだ。我々が間違っていた。許して欲しい」と頭を下げ、全員がそれにならった。その後、彼らとは友人になった。

米国人の妻と住んだ京都では、近所の子どもたちから妻は「ガイジン」、娘は「アイノコ」と差別されたが、小学生向けの英語教室を始め、親を訪問し差別について話し合いをすると、それもやんだ。海野さんが言うように、差別や偏見をなくし良い社会へ向かうための努力が求められている。

2022年の出来事

2月	・新型コロナウイルス国内感染者1日10万人を超える　・ロシアがウクライナへ侵攻 ・冬季北京オリンピックで日本勢金3、銀6、銅9個のメダルを獲得
4月	・知床半島の沖合で観光船「KAZUⅠ（カズワン）」沈没。20名死亡、6人が行方不明
5月	・沖縄返還50周年を迎える。今も在日米軍専用施設の約7割が集中
7月	・安倍晋三元首相が奈良市で街頭演説中に銃撃され死亡　・参院選は自民大勝
8月	・エンゼルス大谷翔平が「2桁勝利、2桁本塁打」。ベーブ・ルース以来104年ぶり
9月	・安倍晋三元首相の銃撃を機に「世界平和統一家庭連合」（旧統一教会）が政治問題に ・エリザベス女王（96才）が死去、チャールズ皇太子が引き継ぐ
10月	・1ドル＝150円を超え32年ぶりの円安を記録 ・韓国ソウルの梨泰院でハロウィーン雑踏事故。日本人2名を含む150名以上死亡

● 「今年の漢字」はロシアのウクライナ侵攻などで「戦」

● 芥川賞　高瀬隼子『おいしいごはんが食べられますように』、井戸川射子『この世の喜びよ』、佐藤厚志『荒地の家族』

● 直木賞　窪美澄『夜に星を放つ』、小川哲『地図と拳』、千早茜『しろがねの葉』

沖縄本土復帰50年　特集（4）への投稿です。

基地廃止　もう逃げないで考える　第95回目［2022年4月7日］

今年で本土復帰50年を迎える沖縄ですが、今なお在日米軍基地（専用施設）の7割を抱え、「復帰」とは言えない状態が続いていると思います。基地を即刻なくすことが難しい現実があるならば、「米軍基地税」を新設し、その税金を基地などで危険にさらされている地域のために使うというのはどうでしょうか。例えば、若い人たちの教育費や奨学金などに充てる。そうすれば、基地のない全国の人々も、自分の問題として基地廃止への道筋を真剣に考える機会になると思います。

1969年に初めて訪れた沖縄の市街地には米兵が多く、植民地のように感じました。72年、ワシントン留学中だった私は、本土復帰のニュースに乾杯しました。そして「非核三原則」に反する沖縄への「核持ち込み疑惑」で、私は「また沖縄に犠牲を！」と怒りました。しかし、思い返せば、結局、私はこの問題から逃げていたと思うのです。早期の基地廃止を真剣に議論する環境づくりとして「基地税」は有効だと思います。私を含め、もう逃げないで、真剣に対応しようではありませんか。

2022参院選

「棄権は危険」今こそ投票に　第96回目［2022年6月27日］

7月10日投開票の参院選に、皆さん、とりわけ日本の将来を担う若者は投票に出かけてください。

国会議員を選ぶ選挙権を国民が得た歴史を思い起こしましょう。まず1889（明治22）年、25歳以上の高額納税者の男性だけが選挙権を得ました。男性のみの普通選挙制の実現は1925（大正14）年。選挙権が20歳になり、女性も参政権を手にしたのは45年の終戦後です。

18歳選挙権が導入されて初めての国政選挙は、2016年の参院選。しかし前回19年の参院選投票率は戦後2番目に低い48・80％でした。私は日本の民主主義に危機感を抱きます。政党などの政治的組織や宗教団体などに属する人の投票率は高いでしょうが、選ばれた議員はその利益代表の側面が強い。日本を支えるのは汗して働く人の普通の人々なのに、一般の人の声が届きにくくなっていると感じています。

多くの人々が投票し、当選した議員の政治活動をしっかりと見守り、次回の投票行動に生かしていく。この国民の権利を放棄する「棄権」は国の将来にとって大変「危険」だと理解したうえで、ぜひ、投票に行ってください。

資格取れても外国人就労に壁　第97回目［2022年10月29日］

「美容師の夢　日本でやっと　在留資格の壁『戦略特区』で活路」（7日）の記事に怒りました。栄養士や保育士、鍼灸《しんきゅう》師など外国人が取得できる資格は多いが、それをいかして日本で働くための在留資格は原則として得られないという。

1970年代初め、私は米ワシントンに留学。学校を通じて労働許可を何度も申請しましたがダメで自分で移民局に出かけました。担当者は「君には立派な保証人がいる。働く必要がある？」。私は「その人は私の人格を保証してくれますが経済的支援はいただいていません」。すると「君が働くと米国人が1人、職を失う」。「違います。私が稼いだ金は学費として貴国に還元します。さらに多くを学び帰国すれば、貴国の素晴らしい点を日本の人々に伝えます。だからあなたは国家公務員として許可すべきです」と一生懸命説明しました。30分後、「分かった、君の勝ちだ」とその場で週20時間の労働許可をくれました。この経験に比べ、我が国の政策や公務員の融通のなさに大いに失望します。

我が国の外国人政策は、２００７年12月27日の最初の「声」の時代と全く変わっていないことがわかります。資格は取れるがその資格を使って働くことはできない！とは、日本政府は何を考え、どのような思考でこの国を運営しているのでしょうか？全くデタラメです。

日本社会自体が少子高齢化で、たとえば近所のコンビニで働いている人の多くはパキスタン、ベトナムなどの人々で、我々の便利な生活を支えてくださっています。でも、家族を呼び寄せることもできず、数年で帰国しなければなりません。

また日本人と結婚しても、私の妻と同様、日本再入国時には面倒な手続きが必要です。子どもができれば、その子は日本社会から差別を受ける可能性もあります。

我々の祖先は南方や北方、または大陸から渡ってきたのです。そうした人々が混血して現在の「日本人」が存在します。日本古来の文化を守りながら、外国から来る人々を通じて異なる文化・風習を学び取り入れることで、多様性豊かな社会へと発展していくのです。異なることを拒否するのではなく、自らに取り入れることが大切ではないでしょうか？

2023年の出来事

2月	・トルコ南部でマグニチュード7・8の地震発生。約5万7千人死亡 ・SNSの「闇バイト」問題。指示役「ルフィ」らによる強盗事件をめぐりフィリピンから強制送還し、渡辺優樹、今村磨人らを逮捕
3月	・野球の国・地域別対抗戦「ワールド・ベースボール・クラシック」で日本優勝 ・東京高裁、袴田巌元被告について、再審開始の決定
5月	・新型コロナウイルスの感染症法上の位置付けが「5類」に移行 ・ロシアがウクライナ東部ドネツク州バフムトを制圧。ワグネル反乱
6月	・ロシアの民間軍事会社「ワグネル」反乱
7月	・中古車販売大手ビッグモーターで、自動車保険の不正請求発覚
10月	・「ジャニーズ事務所」が、創設者・故ジャニー喜多川氏の性加害問題で「解体」 ・大谷翔平メジャーリーグで44本塁打。日本人初の本塁打王に
11月	・阪神タイガースが38年ぶり2度目の日本一に

●「今年の漢字」は国民がシビアに税の行方を監視していると、「税」
●芥川賞　市川沙央『ハンチバック』、九段理江『東京都同情塔』、
●直木賞　垣根涼介『極楽征夷大将軍』、永井紗耶子『木挽町のあだ討ち』、河﨑秋子『ともぐい』、万城目学『八月の御所グラウンド』

どう思いますか　バレンタインデー　特集

自らの体験を紹介する5人のうちの一人として、私の「声」が掲載されました。

困難抱えた子らを支援する日に　第98回目〔2023年1月25日〕

1990年代の初めのころは、バレンタインデーやホワイトデーにはチョコのやり取りで大変でした。40代半ばだった私でも、毎年段ボール箱いっぱいになるほどの「義理チョコ」を頂きました。子どもたちは「1年分のチョコだ！」と喜び、ありがたいのですが、お返しも大変で、どうしたものかと感じていました。

そんな時、チョコの代りに子どもたちの絵画を印刷したカードを贈り、本来のチョコ代との差額を子ども支援のNGOに寄付している人が新聞で紹介されていました。その活動に賛同し、会社内でも女性たちに「義理チョコよりも地球に愛を」と呼びかけました。

そこで、皆さん、どうでしょうか？　2月14日は戦争や災害などで困難を抱えている子どもたちを支援する日にしようではありませんか。今は大人でも、かつてはみんな子どもでした。でも今の子どもたちすべてが、大人になれるわけではありません。この厳しい現実から目をそらすことなく！

企業の社会貢献と「地球税」

１９９４年の春、私は手芸糸専門メーカーに勤めていました。この新聞記事を見てさっそく、子どもの絵画を通じて難民の子どもたちを支援する東京のＮＧＯに企画部の人と出かけ、その年に新発売の予定であった「アース」（地球）という製品のラベルに使用する絵画を選択。「望外の金額」と言ってくださった寄付をいたしました。

そしてこれを機に、そのＮＧＯの支部を名古屋でも立ち上げました。私自身が出かけて行って集めたり、在日外国大使館の協力を得て収集したりした絵画を「世界の子どもの絵画展」として、子ども用品専門デパートメントで毎年１、２回開催することにしたのです。

財務・経理担当取締役という重要な地位にありながらです。しかし、私はこのＮＧＯ活動のために仕事を犠牲にしたり手を抜いたりしたことは絶対ありませんでした。

そのほか企業の社会貢献活動として、売れ残った手芸糸を授産所に寄付。企画部署の人も派遣してその糸の活用方法を考え、指導してもらいました。それらの作品は福祉大会などでは非常に好評でした。

後日、これらの社会貢献活動が評価され、オノ・ヨーコさんを通じて、「ジョン・レノン」、「ビートルズ」、「ラブ・アンド・ピース」などの名称をラベルに付けた商品を世に出しました。１９９８年のことです。私はこれらの毛糸で日本中のボランティアさんたちに編んでいただいた「愛の手編みセーター」を旧ユーゴスラビアの難民キャンプまで届けました。

この頃では珍しい「企業の社会貢献だ！」と多くのマスコミにも取り上げられました。

また、私が立ち上げたＮＧＯの名古屋支部では、１９９４年から２０１７年頃までいろいろな難民キャンプの子どもたちに医療品をはじめとする支援物資を届けていました。届ける物資はすべて先ほど申しあげた手芸糸専門メーカーさんのようにタダでいただいた物ですが、ＮＧＯの事務所代や旅費は私が個人で負担していました。（救援物資の輸送はルフトハンザ航空が格安で、時には無料で引き受けて下さりました）。

その件でいろいろな所から（マスコミも含め）「個人負担でよくもちますね？」と言われましたが、私は「地球税ですよ！」と申しあげていました。同じ地球に生きる者として、明日を担う子どもたちの危機を救うために役立つなら「税金」と割り切って納税しますよ！という意味でした。

その活動とは別に、１９８５年から２０２０年まで、我が家ではアフリカを主とする孤児の「里親」になり、義務教育が終わるまで継続して金銭的支援をするプロジェクトに参加。合計６人の子どもたちを支援してきました。これも「地球税」と考えていました。

女性の視点　もっと政治に生かせ　第99回目【2023年4月2日】

若い女性議員や子育て中の女性議員を増やそうと活動しているグループが本紙で紹介されていました。「立候補こそ何よりの政治参加」だそうです（3月27日夕刊社会面）。全面的に賛成し支持いします。

私は地方選挙も国政選挙も、この30年ほど、党派を超えて全て女性候補者に投票してきました。女性の目で見た政治を実現していただくためです。ただ女性だからという理由で票を投じるわけではありません。候補者の演説を聞き、疑問があれば事務所に直接電話したり手紙を出したりします。全員から親切な回答があります。今回の統一地方選も女性候補に投票すべく研究しています。

そして、私が投票して当選した議員が「いま何をして、何をしていないか」を確認するため、市議会、県議会への傍聴にも出かけます。次の選挙への参考にもしているのです。現在のところ、みなさんの議員活動に満足しています。

少子高齢化が進み、我が国は危機的状況にあります。子育てや出産の支援は不十分。多様性を尊重する社会もまだほど遠いです。若い女性や子育て中の女性の視点を政治に生かさねば、明日がありません。

細田氏　議長の信頼地に落ちる　第100回目［2023年10月24日］

細田博之衆院議長が辞任しました。13日の辞任会見の記事を読んで怒りを覚え、あきれています。文部科学省が東京地裁に解散命令を請求した、世界平和統一家庭連合（旧統一教会）とのつながりや、週刊誌が報じた女性記者へのセクハラ疑惑について、報道陣の質問に真摯《しんし》に答えたとはとても言えませんでした。質問の背後には、我々国民の声と疑問があることは社会の常識です。国民が納得できるだけの説明がなされず、三権の長としての信頼は地に落ちてしまいました。

衆院議員を辞めず、次期衆院選に出馬する意欲を示しました。これからも議員を続けたいようです。国会議員には日本国家全体を考え行動する義務と責任があります。国民はそれを期待し、税金で国会議員を支えています。このことを細田氏はどこまで理解しているのか、疑問です。

私は一人の国民、一人の有権者として細田氏のことは決して忘れません。そして私の選挙区の議員が今回の件にどのように対応し、今後の政治に何をどのように生かしていくのかをしっかりと検証し、これからの投票行動の参考にします。国民の権利と義務を果たすために。

　100回目の「声」が掲載された日、私が住んでいる選挙区の衆参国会議員10名に記事のコピーと、①この「声」に賛成か、否か？ ②その理由は？ ③その他意見があれば？ という質問を記した無記名によるアンケートを、回答用ハガキを同封のうえ、郵送いたしました。

　しかし残念ながら、本当に残念ながら、1カ月経過しても回答をいただいたのはたった一人でした。

　その回答では、①については「ご指摘のとおりだと思います」②については「三権の長の重みを理解しているとは思えません」とのご意見でした。

　無記名ですので与野党のどちらかも不明ですが、たった一人でも回答をしてくださったことに感謝しています。

　我々選挙民は、国会、地方を問わず選挙で選ばれた議員の当選後の行動にも日頃から関心を持って行動すべきだと思います。そのことが議員諸氏の議員活動を「あるべき姿」に成長させるのではないでしょうか？

　衆院議員議長は退任するが次回の衆院議員選には出馬をにおわせていた細田議員ですが、遺憾ながら旧統一教会やセクハラ問題に対する明確な説明がないまま、11月10日、79歳で死去されました。

ご冥福をお祈りするとともに残念に思います。

ガラスの天井は、今も

非常に残念ですが、現在の日本では、まだどの分野においても男女の差は大きいものがあります。なにぶんにも、世界経済フォーラム（ＷＥＦ）が発表した２０２３年版「ジェンダーギャップ指数」は１４６カ国のうち１２５位と非常に遅れています。いまだに「ガラスの天井は厚くて高い」のです。

とりわけ政治の分野では、女性の国会議員は10％未満です。

さらに政府が発表した男女の賃金の差は22・５％と、イタリアの７・６％や米国の17・７％と比べると大きな開きがあります。

私が１９６９年ヨーロッパヒッチハイクの時、アテネで聞いたギリシャ神話にこんなのがありました。

紀元４００年当時、アテイナ（いまのアテネ）を中心に半世紀近く戦争が続いていた時、女性たちが立ち上がって「戦争を止めるまでセックスをしない」と宣言し実行したとの話です。

日本の女性たちも「女性差別がなくなるまで……禁止」はどうでしょうか？

おわりに

「はじめに」にも書きましたが、最初の投稿が採用される！という幸運に恵まれました。それ以後も中国の天津やアメリカのデトロイトなどへの赴任・出張時を除いて毎日、新聞を読んで感じたことや日常生活で経験したことで心に残ったことなどを投稿してまいりました。

その間に「採用し掲載します」との電話の後、掲載日に「やはり内容が不適切で掲載が中止になりました」との連絡をいただいたこともありました。

その「声」はある自動車メーカーの方針を非難したものでしたので、私はガックリし怒りを感じ「そうですか。御社も広告で持っていますからね。非難の記事は掲載しませんのですね」と嫌みを言って電話を切りました。

後日、その人が書き掲載されたその自動車メーカーへの批判・非難の記事が同封された「決して広告で記事は左右されません。齊藤さんの『声』は裏付けが困難なものでしたので」とのお詫びの手紙をいただきました。

でもそのことが何ら影響することはなく、それ以後もしっかり私の声を採用してくださったのです。

ある日のことです。夜の10時頃電話があり「私は今日で朝日新聞を定年退職します。今、送別会の帰りです。読者や投稿者の方々への個人的な連絡は禁止されていますが、退職したのでいいでしょう。実は、私は齊藤さんの『声』のファンです。採用されなかったものも残してありますよ」という有難いお言葉をいただきました。その方とは年賀状のやりとりを今も続けています。

私の友人・知人たちや、妻が英語を教えている人の中にも朝日新聞の購読者が多くいて、ときどき「いい声でしたよ。賛同します」等の有難いメッセージが届きます。もちろん、時には反論も！

こうして「声」に記載されることで、その声に恥じるような行動を慎んで生きています。「声」に投稿することは文章力の向上にもなります。５００字程度で起承転結を明確にして自分の言いたいことを表現し、読者に訴えるのです。ビジネス文書などの向上にもつながると思います。なによりも毎日の生活の中で感じたことなどを投稿し掲載されれば、あなたの「声」を全国の読者が目にすることになります。

しかも採用されると朝日新聞社から謝礼として三千円の図書券が贈られます。読書が好きな私には、本当に有難いことです。

皆さんも日常生活中で何か感じ、思いついたら、ぜひ「声」に投稿してみてください。新しい扉が開くこと間違いございません。

最後になりましたが、私の投稿を採用し、「声」に掲載してくださった歴代の声編集部の方々に心より深くお礼を申しあげます。皆さまの目に留まり、採用いただけてなければ、この本が世に出ることはありませんでした。

そして、複数の出版社から「これはやはり自分史として自費出版しかできません」と断られ続けた中で「これはおもしろい」と商業出版を決意してくださった日本橋出版株式会社の大島社長さまには、深く感謝申し上げます。

初めての著書『会社人の常識』の出版時からいろいろご指導を賜ってきた、『棲（すみか）』編集長でもある、兼松春実さんのご教示がなければ本書ができあがりませんでした。ありがとうございます。

この本の原稿を書きだした11月30日午後2時頃、「国税審査会」からの封筒が簡易書留で届きました。「税金の催促？」疑問に思いながら開封しました。

「やったー」です。「齊藤紀夫　右の者第七十三回税理士試験に合格したことを証する」との合格証書でした。

34歳で経理部門の責任者に任命された時、先輩の経理処理が問題で国税局から約９８０万円の修正申告を要求されました。頭にきた私は税理士試験の勉強を始めました。そして2年後にまず簿記論、更に2年後には法人税法に合格しました。京都から名古屋へ転職した後の1988年に財務諸表論を、そして90年に消費税法に合格しましたが、その後は取締役としての激務や海外出張・勤務等々で結局最後の5科目目の合格には33年かかりました。早期に税理士登録をして余生を「税金問題」で困っている人々のためにお役に立てることを計画しています。

最後にこの快挙を含め私の人生すべて、結婚以来50年間「わがままな私」を支え励ましてくれた妻のヘレン（愛称ラニー）のお陰です。この先の人生もよろしくお願いしますよね！

ラニー、本当にありがとう！

Thank you very much for your loving support for the past 50 years!

おわり

＊本書執筆にあたり、主として朝日新聞縮刷版、朝日新聞デジタル版、その他インターネットを参考にいたしました。

作者略歴

齊藤 紀夫（さいとう のりお）

1946年　奈良県生まれ。京都市育ち。京都経理経営専門学校卒業。名古屋市在住
1969年　8カ月にわたるヨーロッパヒッチハイクを経て、米国ワシントンDC留学
22年間に渡り中堅企業2社で、電算室担当、経理財務担当、総務部担当、生産部担当、管理本部担当、経営企画室長等々の各取締役及び中国や米国法人の代表を務める。
1994～2018年　難民の子どもたちを支援するNGO代表
1996年～「在名古屋日本クロアチア友好協会会長」
2008年　中小企業の海外進出、管理者教育、新人教育を主とする経営コンサルタント開業。現在は数社の会社顧問
2023年　税理士国家試験合格
弓道二段

著書

『わたしの夢、わたしの人びとの苦しみ―難民キャンプの子どもたち―』（ポプラ社１９９９年）、『会社人の常識』（長崎出版２０１２年）、『自分らしく働くための会社人の常識』（論創社２０１８年）、『会社を潰す経営者　会社を救う経営者』（論創社２０２０年）

朝日新聞「声」から見る日本社会

2024年9月24日　第1刷発行

著　者――齊藤紀夫
発　行――日本橋出版
〒103-0023　東京都中央区日本橋本町2-3-15
https://nihonbashi-pub.co.jp/
電話／03-6273-2638
発　売――星雲社（共同出版社・流通責任出版社）
〒112-0005　東京都文京区水道1-3-30
電話／03-3868-3275

ISBN 978-4-434-34407-7